AF452981

REMARQUES

HISTORIQUES

ET

ANECDOTES

SUR LE CHATEAU

DE LA BASTILLE,

Et l'Inquisition de France.

LA Bastille, dans son commencement, étoit l'entrée de Paris du côté du Faubourg Saint-Antoine. Elle ne consistoit que dans deux tours. Hugues Aubriot (1), Prévôt de Paris, chargé

---

(1) Hugues Aubriot, né à Dijon de parens obscurs, fut Prévôt de Paris, & Ministre des Finances sous Charles V.

A

de la nouvelle enceinte , & des fortifications de cette Ville , fous le Roi Charles V , en donna le deffein , & pofa la première pierre de ce Château, le 22 Avril 1369. Ces deux tours fervoient de défenfe contre les attaques des Anglais. Dans la

---

Il fit bâtir le pont , anciennement appellé le *Grand-Pont*, aujourd'hui le *Pont au Change*. Les murs de la porte Saint-Antoine , le long de la Seine , le *Pont Saint-Michel*, & le *Petit-Châtelet*, font des monumens de fon application au bien public. Ce dernier édifice fut élevé pour contenir la licence des Suppôts & des Ecoliers de l'Univerfité. Aubriot fut le premier inventeur des canaux fouterreins pour l'écoulement des eaux. Le Clergé , réuni aux membres de l'Univerfité , conjura fa perte. Ils l'accufèrent d'impiété & d'héréfie. Les partifans de la Maifon d'Orléans , oppofée à celle de Bourgogne , à laquelle il étoit attaché , fe déclarèrent contre lui. Il fut d'abord enfermé à la Baftille, qu'il venoit de bâtir. On le transféra enfuite aux prifons de l'Evêché, que l'on nommoit l'*Oubliette*. A force d'intrigues , fes ennemis parvinrent à le faire condamner à y finir fes jours. Au commencement du règne de Charles VI , l'année 1381 , le peuple fe fouleva contre les impôts. Conduits par le nommé *Caboche* , écorcheur , les féditieux forcèrent les portes de l'Hôtel-de-Ville pour avoir des armes ; ils y enlevèrent trois ou quatre mille maillets de fer ; ce qui leur fit donner le nom de *Maillotins*. Ils brifèrent la prifon où Aubriot languiffoit depuis plufieurs mois, le choifirent pour leur Chef , & le forcèrent d'accepter le commandement. Il profita de cette faveur du fort pour fe retirer fecrètement. La nuit même il paffa la Seine , & s'enfuit en Bourgogne, où il

fuite, on éleva deux tours de retraite en face, &
parallèles aux premières. L'entrée de Paris fut
ainsi prolongée entre quatre tours défunies, &
un double pont. Les restes du premier pont sub-
fistent encore. Cet édifice ne fut achevé entière-
ment que fous le règne de Charles VI, vers 1383.
Ce Roi y fit ajouter quatre nouvelles tours, à
distances égales : on pratiqua des appartemens
entre les tours, dans l'épaiffeur des murs ; on
coupa les ponts ; un foffé de vingt-cinq pieds de
profondeur, au-deffous du niveau de la rue, en-
toura les huit tours, & on forma une enceinte
de l'autre côté de ce foffé. La voie publique fut
tracée au-dehors, telle qu'elle exifte encore. Les
boulevards & les foffés, qui l'environnent aujour-
d'hui, ne furent conftruits qu'en 1634.

Le Château de la Baftille eft fitué fur la rive
gauche de la Seine (en remontant le cours de
cette rivière) près l'Arfenal. Son entrée eft au
bout de la rue Saint - Antoine à droite. Il y a
un Corps-de-garde avancé, & une fentinelle

---

vécut ignoré de fes ennemis, & acheva tranquillement fes
*jours. Chronologie manufcrite de la Bibliothèque Royale ;
Chronique de Saint-Denis ; Antiquités de Paris, Hiftoir e
de Paris ; Juvénal des Urfins, le Laboureur.* Hugues Aubriot étoit de la même famille que Jean Aubriot (de Dijon) Evêque de Châlons, depuis 1341 jufqu'en 13350.

jour & nuit. Près le Corps-de-garde font des ponts-levis, avec une grande porte, & un portillon qui conduifent à la cour de l'Hôtel du Gouvernement, qui eft un bâtiment moderne, féparé du Château par un foffé, fur lequel font de feconds ponts-levis qu'il faut paffer pour arriver à de nouvelles portes, près defquelles eft un Corps-de-garde. Enfuite eft une forte barrière à claire-voie, formée de poutrelles revêtues de fer, & fort élevée, qui fépare le Corps-de-garde de la grande cour.

Avant d'y parvenir, il faut paffer deux ponts-levis, & cinq portes, dont toutes ont des fentinelles, & trois Corps-de-garde. Cette cour forme un quarré long d'environ cent vingt pieds, & large de quatre-vingt. Il y a une fontaine dans cette cour.

En entrant par la barrière à droite, font des appartemens où logent les Officiers fubalternes, & quelquefois même des prifonniers moins refferrés que les autres. Près de ce bâtiment eft la *Tour de la Comté*, enfuite la *Tour du Tréfor*, ainfi nommée à caufe du dépôt d'argent que le Duc de Sully y avoit amaffé pour le grand projet d'Henri IV. Après cette tour, vers le milieu de la cour, eft une arcade qui fervoit anciennement de porte à la Ville. On y a ménagé plufieurs logemens. Enfuite eft le corps de l'an-

cienne chapelle où on a diſtribué pluſieurs chambres de priſonniers. A l'encoignure de cette
cour eſt la *Tour de la Chapelle*. Ces deux tours
du Tréſor & de la Chapelle, ſont les plus an-
ciennes.

Des murs de dix pieds d'épaiſſeur en pierre de
taille, élevés à la hauteur des tours, les réuniſ-
ſent, & ſont contigus à pluſieurs appartemens
de priſonniers pratiqués dans ſes entre-deux. Au
fond de cette cour eſt un grand corps-de-logis
moderne, qui la ſépare d'une plus petite que l'on
nomme *Cour du Puits*. Au milieu de ce bâtiment, eſt un eſcalier de pierres de cinq marches,
que l'on monte pour arriver à la porte principale. On trouve enſuite l'eſcalier des appartemens d'en-haut, & une allée qui aboutit à la ſeconde cour. A droite, eſt le veſtibule de la ſalle
où les Miniſtres, Lieutenans de Police, ou Commiſſaires, interrogent les priſonniers. Cette pièce
eſt appellée *Salle du Conſeil*. Les priſonniers y
reçoivent ordinairement les viſites des étrangers.
Il y a dans l'enfoncement une vaſte pièce qui ſert
de dépôt aux effets & papiers ſaiſis aux priſonniers.

Derrière la ſalle du Conſeil, ſont des logemens d'Officiers ſubalternes, & de quelques porte-clefs.

A gauche, en entrant par le même eſcalier,

font les cuifines, offices & laverie, qui ont de doubles iffues dans la cour du puits. Il y a trois étages au-deffus, chacun de trois pièces. Le premier & le fecond fervent pour les prifonniers diftingués ou malades.

Le Lieutenant de Roi a fon appartement à droite, dans le haut de ce corps-de-logis, au-deffus de la falle du Confeil ; le Major loge au fecond, & le Chirurgien au troifième.

De l'autre côté de la grande cour, près les cuifines & la *Tour de la Liberté*, font des appartemens de prifonniers, confiftans chacun en une grande chambre, & un cabinet ayant vue fur Paris. Les cachots de cette tour s'étendent fous les cuifines. Après cette tour, font d'anciens appartemens, où l'on a menagé une petite chapelle au rez-de-chauffée. Il y a cinq niches ou cabinets fermés dans cette chapelle, trois font pratiqués dans les murs ; les autres ne font qu'en boiferie. On y met chaque prifonnier feul à feul pour entendre la meffe. Ils ne peuvent voir, ni être vus. Les portes de ces niches font garnies en-dehors d'une ferrure, & de deux verroux ; elles font grillées en fer en-dedans, & ont des vîtres du côté de la chapelle, & par-deffus des rideaux que l'on tire au *fanctus*, & que l'on referme à la dernière oraifon. A cinq prifonniers par meffe, dix feulement peuvent y affifter le même jour. S'il y en a un plus grand nombre au Château, où ils ne vont point à la meſſe (c'eſt aſſez la règle pour les priſonniers à vie , & tous ceux qui ne demandent point à y aller) ou ils n'y vont qu'alternativement, parce qu'il y en a preſque toujours quelques-uns qui ont la permiſſion d'y aller habituellement.

A côté de la chapelle , en deſcendant vers la barrière, ſont la *Tour de la Bertaudiere* , & enſuite des appartemens pour l'Aide-Major, le Capitaine de porte, & quelques domeſtiques , ou porte-clefs. Dans l'encoignure, près la barrière , eſt la *Tour de la Baziniere*. Pour y parvenir , il faut paſſer une petite cour ou veſtibule qui communique au Corps-de-garde par une porte double très-forte. Tel eſt l'ordre des ſix tours & des bâtimens qui entourent la grande cour.

En ſuivant l'allée du corps-de-logis qui ſépare les deux cours, on parvient à la cour du puits. En y entrant, on trouve à droite dans l'enfoncement la *Tour du Coin*. Entre celle-ci & la tour du puits, ſont d'anciens appartemens où logent les cuiſiniers , marmitons & valets. Il y a auſſi quelques chambres pour des priſonniers, mais elles ne ſervent que très-rarement. La cour du puits n'a que vingt-cinq pieds de longueur ſur cinquante de largeur. Il y a un grand puits pour l'uſage des cuiſines. Les Cuiſiniers jettent les ordures, & élèvent de la volaille dans cette petite cour; ce qui la rend toujours mal-propre & infecte.

La façade du Château en-dehors, préfente quatre tours vers Paris, & quatre vers le Faubourg. Le deffus de ces tours forme une plate-forme continuée en terraffes, folidement travaillées, & parfaitement entretenues. Les prifonniers qui en ont obtenu la permiffion, s'y promènent, mais toujours accompagnés de gardes. Il y a treize pièces de canon fur cette plate-forme. Elles fervent dans les jours folemnels ou de réjouiffances.

On voit fur le Plan, que la *Tour du Puits*, qui eft du côté de la rue des Tournelles, eft la première. En continuant le tour en-dehors, on trouve, entre la *Tour de la Baziniere* & celle de la *Comté*, l'entrée du Château; enfuite les autres tours en face du Faubourg.

Explication du Plan.

A. Avenue de *la Baftille* par la rue Saint-Antoine.

B. Entrée & premier Pont-levis.

C. Hôtel du Gouvernement.

D. Première cour.

E. Avenue qui conduit à la feconde cour.

F. Portes de la feconde cour, & pont-levis.

G. Les différens Corps-de-garde.

H. Grande cour au-dedans des tours.

I. Efcalier qui conduit à la *Salle du Confeil.*

K. Salle du Confeil (ce bâtiment fépare les deux cours intérieures).

L. Petite cour.

M. Chemin du jardin.

N. Efcalier du jardin.

O. Jardin.

P. Foffés.

Q. Iffue qui conduit au *Jardin de* L'Ar-senal.

1. *Tour du Puits.*

2. *Tour de la Liberté.*

3. *Tour de la Bertaudiere.*

4. *Tour de la Baziniere.*

5. *Tour de la Comté.*

6. *Tour du Tréfor.*

7. *Tour de la Chapelle.*

8. *Tour du Coin.*

Toutes les tours font fermées en bas par de fortes portes doubles, à gros verroux rentrans dans des ferrures énormes. Les cachots du bas des tours font remplis d'un limon qui exhale la plus mauvaife odeur. Ce font des repaires de crapauds, de lézards, de rats & d'araignées (1). Il y a dans un coin, un lit de camp formé de barres de fer scellées dans le mur, & de quelques planches fixées dessus. On y met les prisonniers que l'on veut effrayer ; on leur donne quelques bottes de paille pour garnir leur lit. Deux portes de sept pouces d'épaisseur chacune, appliquées l'une sur l'autre, ferment ces antres obscurs : chacune a deux gros verroux, & autant de serrures.

Toutes les chambres hautes sont fermées avec les mêmes précautions. Il y en a quatre l'une sur l'autre dans chaque tour, & une dernière en voûte, que l'on nomme la *Calotte.* Toutes les

____

(1) C'est dans ces cachots que le tyran Louis XI retenoit ceux qu'il vouloit faire périr par de longues misères, comme les Princes d'Armagnac, lesquels, enterrés dans ces cachots, dans des trous en maçonnerie, dont le fond étoit terminé en pain de sucre, afin que les pieds n'y puissent trouver d'assiette, & que le corps n'y pût prendre de repos, en étoient encore tirés deux fois la semaine, pour être fustigés sous les yeux de Philippe l'Huillier, Gouverneur de la Bastille, & de trois mois en trois mois pour se voir arracher une ou deux dents. L'aîné de ces Princes y devint fou ; mais le cadet fut assez heureux pour en être délivré par la mort de Louis XI ; & c'est de sa Requête, de l'an 1483, que l'on apprend la vérité de ces faits, qui ne pourroient être crus, ni même imaginés, sans une preuve si constante. *Hist. de l'ancien Gouvernement de la France, par le Comte de Boulainvilliers,* Lettre 14, tome 3, page 216.

portes intérieures font couvertes de lames de fer de deux ou trois lignes d'épaisseur.

Il y a cinq ordres de chambres ; les plus horribles après les cachots, font celles où il y a des *cages ou cachots de fer* (1). Il y en a trois de cette honnête espèce. Ces cages font

---

(2) Le Comte de Boulainvilliers, page 224 du volume déjà cité, dit qu'on ne sauroit affirmer que Louis XI ait été l'inventeur des cages & cachots de fer qui se voient à la Bastille, & dans les Châteaux de Blois, de Bourges, d'Angers, de Loches, de Tours, du Mont Saint-Michel. L'Evêque de Verdun, suivant Mezerai, fut l'inventeur de ces cages. Il en avoit fait bâtir une au Château d'Angers, où il fut le premier renfermé pendant dix à douze ans. Boulainvilliers dit, page 225, qu'il a vu, de ses yeux, au Château Duplessis-les-Tours, le cachot de fer où le Cardinal de la Ballue (emprisonné vers 1430) fut renfermé pendant onze années entières par les ordres de Louis XI. Les murailles, les planchers, la porte, le guichet pour recevoir la nourriture, & vuider les immondices, font des plaques de fer attachées fur de grosses barres du même métal. Louis XI en fit construire deux au Château de Loches. Ludovic Sforce, Duc de Milan, ayant été pris, le 10 Avril 1500, dans une bataille contre Louis XII, fut conduit en France, & enfermé dans une des cages de fer du Château de Loches, où il finit ses jours. *Observations historiques*, relativement à l'Histoire de Charles VIII, dans le recueil des Mémoires de l'Académie des Inscriptions, page 138, *in-4°*.

Louis XII, lui-même, étant encore Duc d'Orléans, fut fait prisonnier, en 1488, à la bataille de Saint-Aubin-du-

formées de poutrelles revêtues de fortes feuilles de fer. Elles ont fix pieds de large fur
huit de long.

Le fecond ordre de chambres rigoureufes
eft les *Calottes*. Ces chambres, les plus élevées
des tours, font formées de huit arcades en
pierres de taille. On ne peut fe promener qu'au
milieu. Il y a à peine l'efpace d'un lit d'une
arcade à l'autre. La diftance du bord intérieur
de la fenêtre eft de toute l'épaiffeur du mur,
qui eft de dix pieds environ. Il y a des grilles
de fer à la hauteur des fenêtres en dedans de
ces chambres, & des contre-grilles extérieures.
Les calottes font peu éclairées. En été la chaleur
y eft exceffive, en hiver le froid infupportable.
Il n'y a que des poëles dans les calottes (1).

Cormier en Bretagne. Après avoir été promené de prifons
en prifons, il fut renfermé pendant trois ans entiers dans le
Château de Bourges, & on le forçoit de coucher dans la
cage de fer.

(1) Le Comte de Boulainvilliers dit encore (Lettre XIV)
que la Baftille étoit deftinée aux prifonniers que l'on vouloit
exterminer, ou par la forme apparente de la Juftice, ou par
le fupplice des *Oubliettes*, fort ufité par *Triftan-l'Hermite*,
Prévôt de l'Hôtel, & compère de Louis XI. Cet homme,
d'exécrable mémoire, étoit lui feul le Juge, le témoin &
l'exécuteur. Il faifoit paffer les victimes que Louis XI lui

Presque toutes les chambres des tours sont octogones, hautes de quatorze à quinze pieds, & de vingt de diamètre, les cheminées sont fort élevées. Dans la plupart, il y a trois marches pour monter aux croisées. Toutes les fenêtres sont grillées & contre-grillées en fer. Plusieurs ont une troisieme grille au milieu de l'épaisseur des murs. Les barres de ces grilles sont de la grosseur du bras. Les chambres basses n'ont de jour que sur les fossés. Les jours de celles qui sont plus élevées, sont obscurs & lointains, à cause de l'éloignement du bord extérieur des fenêtres. Enfin, les chambres les moins désagréables, ont des vues sur la

---

livroit sur une bascule, d'où ils tomboient sur des roues armées de pointes & de tranchans ; d'autres étoient noyés une pierre au cou, ou étouffées dans des cachots. Ce tyran fit périr plus de quatre mille personnes (*Mézerai*, Abrégé Chronologique, tom. 4 ; & *Commines*, liv. 6, ch. 12). Pendant le séjour que j'ai fait à la Bastille, je n'ai pu parvenir à voir la *Chambre des Oubliettes* ; mais j'ai vu au Château de Ruel, qui fut la maison de plaisance du Cardinal de Richelieu, & qui appartient aujourd'hui à M. le Duc d'Aiguillon, un cabinet qui conserve encore le nom de *Cabinet des Oubliettes*. Ce Ministre cruel y faisoit passer les personnes qu'il vouloit perdre. A peine y avoient-elles posé le pied, qu'une bascule faisoit entr'ouvrir le plancher sous leurs pas, & elles tomboient dans la profondeur d'un abîme.

campagne , fur Paris , fur les Boulevards:
Quoique les fenêtres de ces chambres foient
grillées , & contre-grillées , cependant elles font
affez éclairées , leurs ouvertures s'élargiffant
dans leur intérieur.

Dans bien des cas , les grilles extérieures
des fenêtres font mafquées avec de la toile ,
ou bien on y établit des hottes en planches ,
de manière que le jour s'y plonge , & toute vue
eft interdite au prifonnier.

La plupart des chambres ont des cheminées ,
les autres des poëles ; il n'y en a point dans
les cachots. Toutes les cheminées font grillées
en haut , barrées de fer en bas , & à plufieurs
endroits dans leur longueur. Pour empêcher
les communications , on a multiplié les précautions. Anciennement les prifonniers conver-
foient par les cheminées , ou y montoient dans
l'efpérance de pouvoir s'épchaper. Chaque tour
a des latrines : elles font grillées aux différens
étages. Quelques appartemens en ont d'intérieures, les autres ont les fupplémens ordinaires.

Toutes ces chambres font mal clofes , très-
froides , & très-humides en hiver. Elles ont
toutes leurs *numéros*. Elles portent le nom
du degré de leur élévation , comme leurs portes fe préfentent à droite & à gauche en
montant. Ainfi la *première Bazinière* eft la

première chambre de la tour de ce nom, au-
deſſus du cachot, puis la *ſeconde Baʒinière*,
la *troiſième*, la *quatrième*, & la *Callotte Baʒi-*
nière. De même tous les priſonniers ſont ap-
pellés du nom de leur tour joint, au *numéro*
de leur chambre ; par cette raiſon, le *nom*
de Baſtille de tel priſonnier eſt la *ſeconde Ba-*
ʒinière, la *première Bertaudière*, la *quatrième*
Comté, la *troiſième du Tréſor*, &c.

Les chambres ordinaires préſentent quatre
murailles nues, mais ſur leſquelles on lit les
noms des priſonniers qui y ont été renfermés,
des vers, des deviſes, des ſentences, &c.
Un lit de ſerge verte avec rideaux, paillaſſe,
& trois matelats, deux tables, deux cruches
d'eau, une fourchette de fer, une cuillère
d'étain, & un gobelet de même métal, un
chandelier de cuivre, des mouchettes de fer,
un pot de chambre, deux ou trois chaiſes,
quelquefois un vieux fauteuil forment tout l'a-
meublement. Quelques chambres ont des
chenets. On n'obtient que très-rarement des
pelles & des pincettes. On fournit à chaque
priſonnier une proviſion d'allumettes, un briquet,
des pierres à feu, de l'amadou, une chandelle
chaque jour, un balai chaque ſemaine, des
draps de lit tous les quinze jours, & quatre
ſerviettes par ſemaine. On prend tous les huit

jours le linge des prifonniers pourle blanchir.

Trois portes l'une fur l'autre font fermées fur chaque prifonnier : le bruit des verroux , des ferrures & des clefs eft effrayant. Un porte-clefs eft chargé de porter aux prifonniers leurs repas , & va prendre leurs reftes , qui font à fon profit.

La nourriture des prifonniers eft réglée par un tarif , fuivant leur qualité. Il y a des claffes de cinquante livres par jour (les Princes) , de trente livres , de vingt livres , de dix livres , de cinq livres & de trois livres. Les moindres font de deux livres dix fous ; c'eft le taux des valets ou gardes. Dans ces prix font compris le blanchiffage & la chandelle ; le bois à brûler eft un article à part.

La cuifine eft fervie par un chef qui eft l'économe du Gouverneur. Il a fous lui un rôtiffeur , un marmiton , un fcieur de bois. Tous les plats font mefquins , & mal préparés ; c'eft la mine d'or du Gouverneur qui augmente fes revenans-bons en raifon de la mauvaife chère qu'il fait faire aux prifonniers. Outre ces profits immenfes , le Gouverneur a par jour cent cinquante livres pour quinze places de prifonniers fuppofés à dix livres chacun , fans préjudice du prix journalier par têtes de prifonniers exiftans. Ces cent cinquante
livres

livres font un fupplément de finance ou indemï-
nité. Et on y ajoute encore très-fouvent des
gratifications confidérables.

En gras, on a chaque jour une foupe, un
bouilli, une entrée ; en maigre, une foupe,
un plat de poiffon, & deux entrées. Le foir,
en gras, une tranche de rôti, un ragoût, une
falade ; en maigre, un plat d'œufs, un de légumes. Les variantes des cottes de cinq livres
à dix livres, font bien peu confidérables. Elles
confiftent dans un demi-poulet étique, un pigeon, un lapereau qui fent les choux, ou
quelques oifeaux, & du deffert, dont chaque
portion ne coûte pas deux fous.

Le Dimanche, à dîner, une foupe mauvaife,
une tranche de vache bouillie, que l'on appelle
bœuf, & quatre petits pâtés ; le foir, une
tranche de rôti, géniffe, veau, ou mouton,
un petit plat d'haricot où les os & les navets
abondent, une falade. L'huile que l'on préfente
fait foulever le cœur : elle ne feroit bonne
que pour les reverbères. Les foupés, en gras,
font uniformes. Le Lundi, au lieu des quatre
pâtés, c'eft du haricot. Le Mardi, à midi,
une fauciffe, ou un demi-pied de cochon, ou
une légère côtelette de porc frais. Le Mercredi
ne petite tourte, à demi-cuite, ou brûlée. Le
Jeudi, deux minces côtelettes de mouton. Le

B

Vendredi, à dîner, un demi-carpeau frit, ou à l'étuvée, de la raye puante, de la morue au beurre & à la moutarde, ou quelque friture desséchée, avec quelques légumes ou un plat d'œufs. A souper, un plat d'œufs au beurre roux ou à la tripe, & des épinars à l'eau & au lait. Le Samedi est la répétition ; & le cercle invariable recommence le Dimanche.

Les trois jours de Saint Louis , de Saint Martin & des Rois, tous les prisonniers ont une augmentation de portion qui consiste dans une moitié de poulet rôti ou un pigeon. Le Lundi, gras on leur donne une petite tourte.

Chaque prisonnier a une livre de pain , & une bouteille de vin par jour. Ce vin est plat & fort mauvais. Le dessert est une pomme, un biscuit, quelques amandes & raisins secs, semés légerement sur le fond d'une assiete, quelques cerises, groseilles ou prunes dans la saison. On est servi en étain ordinairement. Quelquefois on obtient d'être servi en fayance, & avec des cuillere & fourchette d'argent. Si on se plaint de la mauvaise nourriture , cela change pour quelques jours , mais le plaignant essuye d'ailleurs des désagrémens. Il n'y a point de gargotte à 12 s. par repas où l'on ne soit mieux traité qu'à la Bastille. En général cette cuisine est très-mauvaise, la soupe sans aucun suc, les viandes font de la moindre qualité , & mal aprêtées. Tout ceci contribue fort à ruiner la fanté des prifonniers , cela crie vengeance devant Dieu , & devant les hommes.

Les Officiers de l'Etat-Major n'ont aucune infpection fur la cuifine, cela regarde le Gouverneur feul. Quelques prifonniers ont obtenu de la Police la permiffion de fe faire fervir par un traiteur du dehors , mais cela coûte trois fois plus que dans la Ville.

Les prifonniers ordinaires ont par jour, en hiver, cinq morceaux de longs bois à brûler. Ceux qui font recommandés en ont à difcrétion. Plufieurs ont des gardes. La folde de ces gens eft de vingt fous par jour, on les nourrit en outre.

Il n'y a que quatre Porte-clefs pour les huit tours. Leur nom de Porte-clefs, vient de ce que pour une feule chambre il y a cinq groffes clefs. Le trouffeau des clefs de tous les appartemens de chaque tour eft monftrueux.

Lors du fervice des repas , une fentinelle armée eft au pied de chaque tour. Pendant les meffes, une fentinelle eft à la porte de la chapelle. Elle n'y eft pofée qu'après l'entrée des prifonniers, & eft levée avant leur fortie.

L'Etat-Major confifte en un Gouverneur, dont la place vaut, outre fes appointemens de la Cour, plus de quarante mille livres dont il fait son profit fur les vivres des priſonniers ; un Lieutenant de Roi , dont le brevet eſt de ſoixante mille livres , & qui en retire cinq mille livres par an ; un Major à quatre mille livres d'appointemens , un Aide-Major à quinze cents livres , un Chirurgien à douze cents livres. Celui-ci fait de grands profits ſur les remèdes dont le Roi fait les frais. Le Médecin eſt externe , il a ſon appartement au Chateau des Tuileries.

Il n'y a pas plus de trente ans que les choſes ſont ſur ce pied. Anciennement le Gouverneur & le Lieutenant de Roi étoient les ſeuls à la nomination du Roi ; les autres Officiers étoient nommés par le Gouverneur , qui pouvoit les deſtituer à ſa volouté. Ils avoient ſous eux des Archers de Compagnies franches , des bourgeois ſoldés par le Gouverneur , pour la garde du château. M. d'Argenſon leur fit ſubſtituer un Etat-Major , avec une compagnie d'Invalides de cent hommes , qui ont deux Capitaines , & un Lieutenant. Le ſimple ſoldat eſt habillé , entretenu de linges , de ſouliers , de ſel , de chandelle , de bois , & a dix ſous par jour. Le ſervice eſt rude. Les ſoldats ne peuvent découcher ſans permiſſion du Gouverneur. Pluſieurs l'obtiennent : les autres font le ſervice des abſens , qui leur abandonnent la moitié de leur paye.

Aucun des Officiers ne peut dîner dehors

fans permiſſion, & découcher ſans un congé ſi-
gné du Miniſtre.

Pendaut le jour, outre les cinq ſentinelle
des portes, il y en a une à la porte extérieure
du château, pour écarter les curieux qui s'arrê-
teroient ſeulement à conſidérer cette entrée.

Le Major eſt chargé de la plume, il a la cor-
reſpondance & tout le détail. Il dreſſe tous les
mois des comptes. Il en remet des doubles
au Miniſtre dans le département duquel eſt la
ville de Paris, au Contrôleur-Général des Finances, & au Lieutenant-Général de Police
Ces comptes préſentent le tableau du nombre,
des noms de tous les priſonniers, & le calcul
des dépenſes. Cet Officier reçoit l'argent du
Contrôleur-Général, & fait les payemens. La
dépenſe générale, monte année commune à plus
de cent mille livres.

Le château eſt entouré d'un foſſé large d'environ cent vingt pieds. Il n'y a d'eau dedans,
que lors des grands débordemens de la Seine,
& après les pluies abondantes. Ce foſſé eſt entouré d'un mur de ſoixante pieds d'élévation,
contre lequel eſt attachée une galerie de bois
à rampe, laquelle règne dans tout le contour
du foſſé, à l'oppoſite du château. On l'appelle
les Rondes. Deux eſcaliers placés à droite, &
à gauche, en face du grand corps de garde cou-

duifent à ces rondes. Des fentinelles y font placées le jour & la nuit. Elles fe promènent fans ceffe, & examinent fi les prifonniers font quelque tentative. Pendant la nuit, les fentinelles font pofées fur ces rondes, au nombre de quatre à la fois. Les Officiers & Sergens font leur ronde tous les quarts d'heure, & s'affurent par les *qui vive*, fi toutes les fentinelles veillent. Chacune a fon inftant de ronde marqué ; toutes ont des pièces de cuivre numérotées, & trouées, qu'elles paffent dans une aiguille dont la baze eft adhérente au fond d'une boîte cadenacée, telle que l'on en a dans les Villes de guerre. Cette boîte eft portée tous les matins à l'Etat-Major : les Officiers en font l'ouverture, vérifient l'ordre des pièces enfilées, & jugent de l'exactitude, ou du défaut des rondes. On rend compte au Lieutenant de Roi, & au Major de tout ce qui a été vu, entendu, apperçu pendant la nuit. Tout ce qui fe paffe en dedans, ou en dehors eft rapporté, & écrit exactement.

Le jour & la nuit, la fentinelle intérieure du château fonne une cloche à toutes les heures, pour avertir qu'elle veille. Outre cette cloche, la nuit, on en fonne une autre fur les rondes à tous les quarts-d'heure. La garde monte à onze heures du matin ; la retraite de la garnifon

ſonne à neuf heures du ſoir en hiver , à dix en
été. Les ponts ſe lèvent entre dix & onze heures
du ſoir. Tout s'ouvre à quelque heure que ce
ſoit, quand il y a des ordres du Roi.

Le Chapelain principal de la Baſtille eſt
apointé à douze cents livres ; il dit la meſſe
toujours à neuf heures du matin. Il y a deux ſous-
Chapelains qui n'ont que quatre cents livres
par an ; ils ne diſent la meſſe que les Dimanches
& fêtes, l'un à dix heures , l'autre entre midi
& une heure. Cette dernière meſſe eſt propre-
ment la meſſe du Gouverneur. Les priſonniers
n'y vont point, à moins qu'ils ne ſoient pri-
vilégiés. Outre ces Chapelains & ſous-Chape-
lains , il y a un Confeſſeur en titre , qui a
neuf cents livres par an. Les vieux domeſtiques
retirés ont des penſions.

Ce château peut contenir quarante priſonniers, dans des appartemens ſéparés ; quand ils
ſont en grand nombre, ils ont néceſſairement
moins de promenades. Il y a préſentement
quatre priſonniers à vie ; ils ſont devenus plus
ou moins fous. L'un d'eux y eſt depuis l'affaire
de *Damien* (1757).

Au dehors du château, du côté du faux-
bourg Saint-Antoine, il y a un grand baſtion
dégagé du corps du château ; c'étoit anciennement un des boulevards de la primitive entrée

de Paris. On y a planté des arbres, & fait un jardin. La porte du chemin qui y conduit, eſt entre la *tour du Tréſor*, & celle de *la Comté*.

A la gauche de la Baſtille eſt la porte Saint-Antoine. Cette porte eſt flanquée d'un baſtion parallelle à celui qui ſert de jardin au château.

Le Lieutenant-Général de Police de Paris, eſt le ſubdélégué du Miniſtère au département de la Baſtille. Il a ſous lui un Commiſſaire en titre, que l'on nomme le Commiſſaire de la Baſtille. Celui-ci a des gages fixes pour faire ce que l'on appelle *les inſtructions*, mais il ne les fait point excluſivement : il n'a aucune inſpection, ni fonction, que dans les cas où il reçoit des ordres ; la raiſon en eſt que tout ce qui ſe fait dans ce château eſt arbitraire.

En arrivant à la Baſtille, chaque priſonnier eſt inventorié. On examine ſes malles, habits, linges, poches, pour voir s'il n'y a pas de papiers relatifs à l'objet de ſa détention. On ne fouille pas ordinairement les perſonnes d'un certain rang, mais on leur demande leurs couteaux, raſoirs, ciſeaux, montres, cannes, bijoux & argent. Après cet examen, on conduit le priſonnier dans un appartement, où il eſt renfermé ſous trois portes. Ceux qui n'ont point de domeſtique, font eux-même leur lit & leur feu. On dîne à onze heures, & on ſoupe à ſix.

Dans les premiers temps , on n'a ni livres , ni encre, ni papier : on ne va ni à la meſſe , ni à la promenade : on n'a permiſſion d'écrire à qui que ce ſoit , pas même au Lieutenant de Police, dont tout dépend, & à qui il faut la faire demander par le Major qui s'y prête ordinairement. On ne va d'abord à la meſſe que de deux Dimanches l'un. Quand on a pu obtenir la permiſſion d'écrire au Lieutenant de Police, on peut lui demander celle d'écrire à ſa famille , d'en recevoir des réponſes , d'avoir avec ſoi ſon domeſtique, ou un garde , &c. Il refuſe ou accorde , ſuivant les circonſtances. On ne peut rien obtenir que par ce canal.

Les Officiers de l'Etat - Major ſe chargent de faire parvenir les lettres des priſonniers à la Police. Elles y ſont envoyées exactement à midi & le ſoir. A quelque heure que ce ſoit , ſi on le demande, ces lettres ſont portées par des exprès , que l'on paye de l'argent des détenus. Les réponſes ſont toujours adreſſées au Major ; il les communique au priſonnier. Si on a omis de lui parler de quelque objet de la lettre du priſonnier , c'eſt un refus. Les gardes que l'on donne à ceux auxquels on refuſe leurs domeſtiques , ou qui n'en ont point , ſont des Soldats Invalides ordinairement. Ces gens couchent auprès des priſonniers, & les ſervent. Il faut toujours être en défiance avec ces hommes, ainſi qu'avec les porte-clefs, parce que toutes les paroles ſont recueillies, & rendues aux Officiers qui les reportent à la Police : c'eſt ainſi que l'on étudie le caractère des priſonniers. Tout eſt, dans ce Château, myſtère, ruſe, artifice, eſpionnage. Souvent des Officiers, des Gardes, des Porte-clefs, des Valets, tâchent d'induire un priſonnier à parler mal du Gouvernement, & rendent compte de tout.

On obtient quelquefois d'avoir des livres, ſa montre, ſon couteau, ſes raſoirs, & même de l'encre, & du papier blanc. On peut demander à voir le Lieutenant de Police quand il vient à la Baſtille. Ordinairement il fait deſcendre les priſonniers, quelques jours après leur arrivée. Quelquefois il va les viſiter dans leurs chambres, ſur-tout les Dames.

Lorſque le Lieutenant de Police voit un priſonnier, la converſation roule ſur l'objet de ſa détention ; il lui demande quelquefois des déclarations écrites & ſignées. En général on doit mettre autant de circonſpection dans ces converſations que dans ſon interrogatoire même, puiſque rien de tout ce qui peut être dit on écrit n'eſt oublié.

Quand on veut faire parvenir quelque choſe au Lieutenant de Police, c'eſt toujours par le Major. On peut écrire à cet Officier des

billets par le Porte-clefs. On n'eſt jamais prévenu ſur rien, il faut tout demander, même
la permiſſion de ſe faire raſer. C'eſt le Chirurgien qui fait les barbes ; il fournit aux priſonniers malades ou indiſpoſés ſucre, café, thé,
chocolat, confitures & les remedes néceſſaires.

La promenade eſt d'une heure par jour,
quelquefois d'une heure le matin, & d'une
heure le ſoir, dans la grande cour.

Un priſonnier peut être interrogé peu de
jours après ſon entrée à la Baſtille, ſouvent
il ne l'eſt qu'au bout de pluſieurs ſemaines ;
quelquefois on l'avertit du jour où il doit être
interrogé, ſouvent il ne l'apprend qu'au moment
où on le fait deſcendre à la Salle du Conſeil.
C'eſt le Lieutenant de Police, un Conſeiller
d'Etat, un Maître des Requêtes, un Conſeiller
ou un Commiſſaire du Châtelet qui remplit
cette commiſſion. Quand le Lieutenant de
Police n'interroge pas lui-même, il vient
ordinairement à la fin de l'interrogatoire.

Ces Commiſſaires ſont des êtres purement
paſſifs : Souvent ils tâchent d'effrayer un Priſonnier ; ils lui tendent des piéges, employent
toutes les reſſources des ruſes les plus baſſes,
pour lui arracher des aveux ; ils ſuppoſent des
preuves, repréſentent des papiers, ſans permettre de les lire, ſoutenant que ce ſont des

pièces de conviction invincibles. Leurs inter-
rogats font toujours vagues ; ils roulent non
feulement fur les paroles & les actions du prifonnier, mais fur fes penfées les plus fecrettes, fur
fes paroles, & la conduite des perfonnes de fa
connoiffance que l'on veut compromettre.

Ceux qui interrogent, difent à un prifonnier
qu'il y va de fa tête, que de lui dépend en
ce jour fa vie, ou fa mort ; que s'il veut tout
déclarer de bonne-foi, ils font autorifés à lui
promettre un élagiffement prompt ; que s'il refufe
d'avouer, il va être livré à une Commiffion
extraordinaire ; que l'on a des pièces décifives, des
preuves acquifes, plus qu'il n'en faut pour le perdre ; que fes complices ont tout découvert ; que
le Gouvernement a des reffources inconnues, dont
il ne peut fe douter. Ils fatiguent les prifonniers par des Interrogatoires variés & multi-
pliés à l'infini. Suivant les perfonnes, ils employent les promeffes, les careffes, les me-
naces ; d'autres fois ils infultent les détenus,
& les outragent avec une infolence qui met
le comble à la tyrannie dont ils font les vils
inftrumens.

Si le prifonnier fait les aveux exigés, les
Commiffaires lui déclarent alors, que pour
fon élargiffement, ils n'ont pas d'autorifation
précife, mais qu'ils ont tout lieu de l'efpérer,

qu'ils vont la folliciter , &c........ Les aveux
du prifonnier, loin de rendre fon fort meil-
leur , donnent lieu à de nouveaux interrogatoires , prolongent fouvent fa détention , com-
promettent les perfonnes avec lefquelles il a eu
des relations , & l'expofent lui-même à de
nouveaux tourmens.

Dans certains cas , ce font des Commiffaires du Parlement qui font les *Inftructions*.
Ceux-ci tiennent leurs féances à l'Hôtel du
Gouvernement ou à l'Arfenal. Ils n'entrent
jamais dans l'intérieur de la Baftille. La dif-
férence que le Miniftère met entre eux & les
membres du Confeil , ou du Châtelet, eft que
ceux-ci font *Royaliftes* , & les autres *Parle-
mentaires*. Or on n'admet que les premiers dans
cette enceinte , on ne veut pas que les autres
y mettent le pied.

Les prifonniers ne reçoivent jamais aucune
vifite du dehors avant l'inftruction confommée.
Pour obtenir cette faveur après les interrogatoires , il faut la demander avec inftance &
perfévérance , & que des amis puiffans la folli_
citent au dehors. On peut demander une pro-
longation de promenade , à fe promener fur les
Tours, au Jardin , à lire les Gazettes & Jour-
naux , à être réuni aux perfonnes de fa connoiffance , s'il y en a , à manger , & à fe pro-

mener enfemble. Pour tout ceci , il faut écrire au Lieutenant de Police & au Gouverneur. Plufieurs perfonnes détenues pour l'affaire du Canada eurent la liberté de fe voir. Lors des promenades au jardin ou fur lestours les prifonniers font toujours accompagnés de bas Officiers Invalides. Les Officiers même de l'Etat-Major accompagnent fouvent ceux qui font d'un certain état. En hiver , ils les font entrer dans la Salle où ils fe tiennent ordinairement , quelquefois il les vifitent dans leurs chambres. Le Gouverneur vifite auffi les prifonniers , fur-tout lorfqu'ils lui font recommandés, Les converfations avec tous ces Officiers , doivent toujours être très-circonf-pectes , parce que tout eft obfervé & dénoncé, On prend de grandes précautions pour que les prifonniers ne s'apperçoivent ni fe ren-contrent , & quils ne foient point vus par les étrangers qui font admis à en vifiter quel-qu'un. Si pendant la promenade dans la cour quelque perfonne vient à paffer , on fait en-trer le prifonnier dans un des cabinets prati-qués au rèz-de-chauffée de la cour, & on ne l'en fait fortir qu'après que les paffans font retirés. Les prifonniers font toujours fous les verrous pendant tout le temps qu'ils paf-fent dans leurs chambres. Les portes s'ouvrent

feulement aux heures de la Meſſe, des promenades ou des viſites, & on les referme auſſi-tôt après.

Pour viſiter un priſonnier, il faut avoir
une permiſſion écrite du Lieutenant de Police ;
elle eſt ordinairement dans une lettre adreſ-
ſante au Lieutenant de Roi, ou au Major. Le
nombre & la durée des viſites y eſt toujours
fixé. Ces viſites ſont toujours reçues en préſence des Officiers ou Porte-clefs, afin que les
priſonniers ne diſent & n'apprennent rien d'in-
téreſſant. Le viſitant eſt d'un côté de la chambre, le viſité de l'autre, & l'Officier ou Porte-
clefs écoutant eſt au milieu : c'eſt la règle invariable. Il n'eſt jamais permis de parler des motifs
de détention du priſonnier, ni de tout ce qui
pourroit y avoir quelque raport.

Pour qu'un Priſonnier recût des viſites,
ſans témoins, il faudroit une permiſſion du
Miniſtre, & du Lieutenant de Police, ce que
l'on n'obtient preſque jamais. Les Officiers de
l'Etat-Major ſont entierement ſubordonnés ;
ils ne peuvent rien accorder aux priſonniers,
ſans une autoriſation expreſſe du Miniſtre par
le Lieutenant de Police. Tous les jours le
Major rend compte par écrit au Lieutenant de
Police de l'Etat des priſonniers, des viſites
qu'ils ont reçu, de tout ce qui a été dit, ou
fait d'important au Château.

Quoique tout foit réglé, tout eft cependant fujet aux exceptions du crédit, des recommandations, de la protection, de l'intrigue, &c. &c. &c. parce que le premier principe dans ce château eft la volonté arbitraire. Très-fouvent des perfonnes détenues pour le même objet font traitées très-différemment en raifon des recommandations plus ou moins confidérables.

Il y a une Bibliothéque fondée par un prifonnier étranger mort à la Baftille au commencement du fiècle préfent. Quelques Prifonniers obtiennent la permiffion d'y aller, d'autres, qu'on leur porte des livres dans leurs chambres.

On leur débite les chofes les plus fauffes, en affectant un air de vérité & d'intérêt. « Il » eft bien malheureux que le Roi ait été pré- » venu contre vous. S. M. ne peut entendre » prononcer votre nom, fans entrer en courroux. » L'affaire pour laquelle on vous a ravi votre » liberté, n'a été qu'un prétexte, on vous en » vouloit antérieurement, vous avez de puiffans » ennemis...» Tels font les propos d'étiquette.

Inutilement un prifonnier demande-t-il à écrire au Roi, il ne l'obtient jamais.

Le tourment perpétuel & le plus infupportable de cette inquifition cruelle & odieufe, font les promeffes vagues, indéfinies, fauffes ou équivoques, les efpérances intariffables & perféveramment

perféveramment trompées d'une liberté pro-
chaine, les exhortations à la patience, les conjectures à perte vue, dont le Lieutenant de
Police & les Officiers font très-prodigues.

Pour couvrir l'odieux des barbaries qui
s'exercent, & rallentir le zèle des parens,
ou des procteurs qui follicitent, on débite fouvent contre le Prifonnier les calomnies les plus
contradictoires. On déguife les vrais motifs de
la détention, on cache les obftacles réels. Ces
reffources, qui varient à l'infini, font intariffables.

Il y a une grande pièce remplie d'armoires
très-vaftes, diftribuées par cafes, étiquetées des
numéros de tous les appartemens du Château. Les
effets de chaque Prifonnier font dépofés dans la
cafe correfpondante au *numéro* de fa chambre.

Lors de l'arrivée de chaque Prifonnier, on
infcrit fur un Livre fes nom & qualité, le
numéro de l'appartement qu'il va occuper, &
la lifte de fes effets dépofés dans la cafe du
même *numéro*. On préfente enfuite ce livre au
prifonnier, pour qu'il le figne.

Le Livre de fortie contient un protocole de
ferment & proteftation de foumiffion, de ref-
pect, de fidelité, d'amour, de *reconnoiffance*
pour le Roi, d'affurance que les faits qui ont
compromis le Prifonnier, ont été l'effet de l'er-
reur feule de l'efprit, d'action de graces de

C

te que S. M. ne l'a pas livré à des *Commiffai-*
res extraordinaires, de promeffe de ne rien
réveler de tout ce qu'il a vu & entendu pendant le féjour qu'il a fait dans la Baftille. Ce
protocole, que tout Prifonnier eft obligé de fi-
gner avant fa fortie, contient encore le reçu
des bijoux, argent, & autres effets.

Un troifième Livre en feuilles, contient les
noms de tous les Prifonniers, & le tarif de
leur dépenfe. Le relevé de ce livre paffe tous
les mois fous les yeux du Miniftre.

Le regiftre du détail de la dépenfe jour-
nalière n'eft que pour le Gouverneur, & le
Chef de cuifine fon économe : le Major n'y a
aucune infpection.

Enfin le quatrième Livre eft un in-folio
immenfe, ou plutôt une fuite de cahiers qui
augmente journellement. Ces cahiers font con-
tenus dans un très-grand carton ou porte-feuilles
en maroquin fermant à clef, lequel eft encore
renfermé dans un double carton. Ces feuilles,
diftribuées en colonnes, portent des titres
imprimées à chacune.

I.^e Colonne, *Noms & qualités des
Prifonniers.*

IIe Col. *Dates des jours d'arrivée des
Prifonniers au Château.*

III.ᵉ Col. *Noms des Secrétaires d'Etat qui ont expédié les ordres.*

IV.ᵉ Col. *Dates de la fortie des Prifonniers.*

V.ᵉ Col. *Noms des Secrétaires d'Etat qui ont figné les ordres d'élargiffement.*

VI.ᵉ Col. *Caufes de la détention des Prifoniers.*

VII.ᵉ Col. *Obfervations & Remarques.*

Le Major remplit la fixième colonne, fuivant les indications qu'il peut avoir, & le Lieutenant de Police lui donne des inftructions quand il veut, & comme il veut. La feptième colonne contient l'hiftorique des faits, geftes, caractères, vie, mœurs & fin des Prifonniers.

Les deux colonnes font des efpèces de mémoires fecrets, dont l'effence & la vérité dépendent du jugement droit ou faux de la volonté bonne ou mauvaife du Major & du Commiffaire du Roi. Plufieurs Prifonniers n'ont aucune note fur ces deux dernieres colonnes.

Le Livre eft de l'invention du fieur *Chevalier*, Major actuel, qui a été chargé d'écrire l'hiftoire fecrette de ce Château depuis fon origine. Il a remonté jufqu'aux découvertes qu'il a pu faire dans le dépôt des Archives.

Quand une feuille est remplie, elle entre dans ce dépôt, où tout est conservé pour la postérité. Il y a un Archiviste appointé.

On réunit encore en registre tous les ordres à jamais donnés & adressés au Gouverneur de la Bastille, toutes les lettres des Ministres & de la Police ; tout est recueilli soigneusement, & se retrouve au besoin.

Aussi-tôt que quelque Prisonnier est conduit à la Bastille, le Ministre qui a signé l'ordre, & le Commissaire du Roi, sont informés, par le Major, de son arrivée. Dans plusieurs cas, cet Officier est prévenu de l'arrivée des Prisonniers. Souvent une lettre particulière du Commissaire du Roi délivre un prisonnier par anticipation, & il remet ensuite l'ordre du Roi au Major, qui lui rend exactement sa lettre.

Quand un Prisonnier, connu & protégé, a absolument perdu la santé, & que l'on craint pour ses jours, on ne manque pas de le faire sortir. Le Ministère n'aime pas que les gens connus meurent à la Bastille. (1) Si un Prisonnier meurt, on le fait inhumer à la Paroisse de Saint-Paul, sous le nom d'un domestique,

---

(1) Quelques prisonniers ont péri à la Bastille par des voies secrettes ; mais ces exemples sont rares.

& ce menſonge eſt écrit ſur le regiſtre mortuaire, pour tromper la poſtérité. Il y a un autre regiſtre où le nom véritable des morts eſt inſcrit ; mais ce n'eſt qu'après bien des difficultés que l'on parvient à s'en faire délivrer des extraits. Il faut auparavant que le Commiſſaire de la Baſtille ſoit informé de l'uſage que les familles veulent faire de ces actes.

Il y a dans ce Château de vaſtes magaſins, que l'on appelle les dépôts. C'eſt là que l'on renferme les Livres ſaiſis, ou dont le débit eſt arrêté.

Lorſque le Commiſſaire du Roi (Lieutenant de Police) ou un Miniſtre, entre dans le Château de la Baſtille, la Garde ſe préſente en haye à ſon paſſage, fait le ſalut, & les grandes portes s'ouvrent. Le même cérémonial s'obſerve pour les Maréchaux de France. Ceux-ci peuvent ſeuls entrer dans le Château avec leur épée. Les Ducs & Pairs ont prétendu avoir droit à la même diſtinction. Le *Mémoire des Préſidens à Mortier du Parlement de Paris*, préſenté au Duc d'Orléans, Régent du Royaume, en 1717, en fait mention.

Il n'entre de voitures dans l'intérieur du Château, que celles qui y conduiſent des Priſonniers, ou qui en enlèvent, pour les tranſférer dans d'autres Châteaux ou priſons.

M. de Renneville (1), détenu à la Baſtille pendant onze ans & un mois, en ſortit le 16 Juin 1713, & ſe retira en Angleterre, où il compoſa deux volumes, intitulés : l'*Inquiſition françaiſe*, ou *l'Hiſtoire de la Baſtille*. Il dédia ſon Livre au Roi d'Angleterre Georges I. Ces deux volumes furent imprimés *in*-12, à *Amſter-*

----

(1) René-Auguſte-Conſtantin de Renneville, le plus jeune de douze frères, tous Militaires, dont ſept avoient été tués dans des combats pour la Patrie, étoit né à Caën, d'une famille diſtinguée, originaire de la Province d'Anjou. Après avoir ſervi en qualité d'Officier, il fut envoyé dans pluſieurs Cours étrangères, pour négocier des affaires importantes. De retour en France, il fut premier Commis de M. de Chamillard. Des ennemis ſecrets parvinrent à le rendre ſuſpect, & il fut enfermé à la Baſtille. Quoique l'on ne trouvât aucune charge contre lui, il fut cependant détenu pendant onze ans & un mois (depuis le 16 Mai 1702, juſqu'au 16 Juin 1713). Il aſſure qu'il ne pût jamais découvrir les motifs de ſa détention. A ſon arrivée au Château, il fut renfermé dans la première chambre de la *Tour du Coin*, où *Henri de Montmorency*, *Duc de Luxembourg*, les Maréchaux de *Biron* & de *Baſſompiere* avoient été détenus. C'eſt dans cette même chambre que M. *le Maître de Sacy*, mis à la Baſtille le 14 Mai 1666 (où il fut détenu pendant deux ans) avoit fait la plus grande partie de la Bible. M. de Renneville cultivoit les Belles - Lettres & la Poéſie. Son Hiſtoire eſt parſemée de fragmens que les meilleurs Poëtes de ſon tems ne déſavoueroient pas.

dam chez Etienne Roger, en. 1715, & traduits
en Anglais & en Flamand. Cet Ouvrage intéressant
est devenu très-rare. Il contient l'Histoire des
Prisonniers que M. de Renneville eut occasion
de connoître pendant le long séjour qu'il fit dans
ce Château. Les descriptions qu'il donne des lieux
sont conformes aux détails que l'on vient de lire ;
mais le régime de cette horrible inquisition a
changé depuis le commencement du siècle.

ANECDOTES.

I. Charles de *Gontault*, *Duc de Biron*, **Pair**,
Amiral & Maréchal de France, Gouverneur de
Brest, quoique comblé des faveurs de Henri IV ,
traita avec les ennemis de l'Etat (les Espagnols
& le Duc de Savoie) qui le flattèrent de lui donner, en Souveraineté, le Duché de Bourgogne,
& la Franche-Comté, pour dot d'une fille du
Roi d'Espagne ou du Duc de Savoye , qu'ils pro-
mettoient de lui donner en mariage. Henri IV
ayant découvert le complot , en parla à Biron,
qui nia son crime avec obstination. Le Parlement
de Paris instruisit son procès. Il se trouva con-
vaincu du crime de haute trahison contre la Patrie & son Chef, & fut condamné, par Arrêt du
29 Juillet 1602, à avoir la tête tranchée ; ce qui
fut exécuté, le 31 du même mois dans la cour intérieure de la Bastille. Les crocs de fer qui rete

noient fon échafaud , font encore dans les murs : les chofes furent difpofées de manière que de fa chambre il y paffa de plein-pied. Il n'étoit âgé que de quarante ans. Son corps fut inhumé à la Paroiffe.Saint-Paul. Il y a des copies manufcrites du *Procès de Charles de Gontault, Duc de Biron*, à la Bibliothèque Royale, à celles de Saint-Germain-des-Prés , & de la Ville de Paris.

II. François de *Baſſompierre* , Maréchal, né le 2 Avril 1579 , fe fignala toujours par fa bonne conduite & par fon courage. Sa haute réputation faifant ombrage au Cardinal de Richelieu , ce Miniftre le fit renfermer à la Baftille, le 25 Février 1631. Baffompierre ne recouvra fa liberté que le 19 Janvier 1643 , au bout de douze ans, après la mort de fon ennemi. Il compofa fes *Mémoires* dans fa prifon , & mourut en 1646.

III. En 1674, le bagage de *Louis*, Chevalier *de Rohan*, Grand-Veneur de France, ayant été pris & fouillé dans une efcarmouche à l'armée, on y trouva des lettres qui firent foupçonner qu'il avoit fait un traité pour livrer le Havre-de-Grace aux Anglais. Il fut arrêté & mis à la Baftille. Le fieur de la Tuanderie , fon entremetteur, fe cacha. Les preuves n'étoient pas fuffifantes. On nomma une commiffion pour inftrumenter contre l'accufé de trahifon. La Tuanderie fut découvert à Rouen : on alla pour l'arrêter ;

mais il fit feu fur les affaillans , & fe fit tuer fur la place. Des gens attachés au Chevalier de Rohan alloient tous les foirs autour de la Baftille corner dans des porte-voix, *la Tuanderie eft mort , & n'a rien dit ;* ils ne furent point entendus du Chevalier. Les Commiffaires ne pouvant rien tirer de lui, lui dirent « que le Roi favoit tout, qu'ils avoient des » preuves, mais que l'on vouloit feulement fon » aveu, & *qu'ils étoient autorifés à lui pro-* » *mettre fa grace ,* s'il déclaroit la vérité ». Le Chevalier, trop crédule , avoua tout. Alors les perfides Commiffaires changèrent de langage. Ils lui dirent que, *pour la grace, ils ne pouvoient en répondre , mais qu'ils avoient feulement efpérance de l'obtenir, & qu'ils alloient la folliciter.* Ils s'en mirent peu en peine, & condamnèrent le Chevalier à perdre la tête. On le conduifit de plein-pied à l'échafaud, par une galerie dreffée à la hauteur de la fenêtre de la falle d'armes de l'Arfenal, qui donne fur la petite place, au bout de la rue des Tournelles. Il fut décolé le 27 novembre 1674. Son Procès eft à la Bibliot. Royale. On peut voir les Mém. du Marquis de Beauveau. Colog. 1688, p. 407.

IV. Les Jéfuites du collège de Clermont , fitué rue Saint-Iacques , à Paris, ayant, cette même année (1674), invité le Roi Louis XIV, à honorer de sa présence une Tragédie que leurs écoliers devoient représenter, ce Prince s'y rendit. Ces habiles courtisans avoient eu soin d'insérer dans la pièce quelques traits de flatterie dont le Monarque, avide d'encens, fut très-satisfait. Lorsque le Recteur du collège reconduisoit le Roi, un Seigneur de sa suite loua le succès de la Tragédie. Louis XIV dit : " faut-il s'en étonner ? *c'est mon collège.* " Les Jésuites ne laissèrent pas tomber ce mot. La nuit même, ils firent graver en grandes lettres d'or, sur un marbre noir, *Collegium Ludovici Magni,* & le substituèrent à l'ancienne inscription qui étoit placée au-dessous du nom de Jésus, sur la porte principale du collège (*Collegium Claromontanum Societatis Jesus*). Et le matin la nouvelle inscription fut mise à la place de l'ancienne. Un jeune Ecolier de qualité, âgé de 13 ans, témoin du zèle des RR. PP. fit les deux vers suivans, qu'il afficha le soir à la porte du collège.

Abstulit hinc Jesum, posuitque insignia Regis Impia gens : alium non colit illa Deum.

Les Jésuites ne manquèrent pas de crier au sacrilège ; l'auteur enfant fut découvert, enlevé & enfermé à la Bastille. L'implacable Société le fit condamner, *par grace,* à une prison perpétuelle, & il fut transféré à la citadelle de

l'Ifle Sainte-Marguerite. Plufieurs années après,
il fut ramené à la Baftille. En 1705, il étoit
prifonnier depuis 31 ans. Etant devenu héritier
de toute fa famille, qui poffédoit de grands biens,
le Jéfuite *Riquelet*, alors Confeffeur de la Baftille, remontra à fes confrères la néceffité de
rendre la liberté à ce prifonnier. La pluie d'or
qui avoit forcé la tour de Danaé, eut le même
effet fur le château de la Baftille. Les Jéfuites
fe firent un mérite auprès du prifonnier, de la
protection qu'ils lui accordèrent ; & cet homme
confidérable, dont la famille alloit s'éteindre,
fans le fecours de la Société ne manqua pas de
lui donner des preuves étendues de fa reconnoiffance. (Préface de M. de Renneville, tom. 1,
pag. 46-48.)

V. Le fameux prifonnier de la Baftille, connu
fous le nom de *l'Homme au mafque de fer*,
étoit dans la chambre dite la troifième Bertaudiere. On ne lui refufoit rien de tout ce qu'il
demandoit ; on lui faifoit la plus grande chere,
& le Gouverneur ne s'affeyoit jamais devant
lui. On l'obligeoit de porter toujours un mafque
de fer, & il lui étoit défendu, fous peine de
la vie, de fe faire connoître. Ces circonftances
ont donné à lieu diverfes conjectures. L'Auteur
des *Mémoires fecrets pour fervir à l'Hiftoire
de Perfe*, prétend que le Comte de Verman-

dois , fils naturel & bien-aimé de Louis XIV,
& de Mademoiſelle de la Voliere , à-peu-près du
même âge que le Dauphin , mais d'un caractère
fort oppoſé au ſien , s'étoit oublié un jour au
point de lui donner un ſoufflet ; que cette action
ayant éclaté, Louis XIV l'envoya à l'armée, &
donna ordre à un confident intime de faire ſemer,
peu après ſon arrivée, qu'il étoit attaqué de la
peſte, afin d'éloigner tout le monde de lui, de le
faire enſuite paſſer pour mort ; & tandis qu'aux
yeux de toute l'armée on lui feroit des obſèques
ſplendides , de le conduire en grand ſecret à la
citadelle de l'Iſle Sainte-Marguerite ; ce qui fut
exécuté ; que le Comte de Vermandois ne ſortit
de cette Citadelle que pour être transféré au Château de la Baſtille (en 1700), lorſque Louis XIV
en donna le Gouvernement au Commandant de
cette Iſle, nommé *Saint-Marc*, en reconnoiſſance
de ſa fidélité. Le même Auteur ajoute, que le
Comte de Vermandois s'aviſa un jour de graver
ſon nom ſur le fond d'une aſſiette avec la pointe
d'un couteau ; qu'un domeſtique ayant fait cette
découverte, crut faire ſa cour en portant cette
aſſiette au Commandant, & ſe procurer une récompenſe ; mais que ce malheureux fut trompé ;
& que l'on ſe défit de lui ſur-le-champ , afin d'empêcher que le ſecret fût divulgué. Quoique ces
Mémoires ſecrets euſſent été publiés neuf ans au-

paravant la première édition de l'*Hiſtoire du ſiè-*
cle de Louis XIV , comme l'obſerve M. Clé-
ment dans *les cinq années Littéraires* (Lettre
XCIX, du premier Mai 1752, tome 2). M. de
Voltaire a avancé que tous les Hiſtoriens qui
ont écrit avant lui, ignoroient ce fait. Il le raconte un peu différemment, ſans nommer le Comte
de Vermandois. Il dit que le Marquis de Louvois
étant allé voir ce priſonnier inconnu à l'Iſle Sainte-
Marguerite , lui parla toujours debout, & avec
une conſidération qui tenoit du reſpect ; qu'il
mourut en 1704 à la Baſtille, & fut enterré la
nuit à la Paroiſſe de Saint-Paul. L'Auteur des
Philippiques (M. *de la Grange-Chancel*) dans
ſa *Lettre à M. Fréron*, prétend que ce priſonnier
étoit le Duc de Beaufort , que l'on diſoit avoir été
tué au ſiège de Candie , & dont on ne put trouver le corps. Il donne pour raiſon de la détention
de ce Duc, ſon eſprit remuant, la part qu'il avoit
eue aux mouvemens de Paris du tems de *la Fronde,*
& ſon oppoſition , comme Amiral, aux deſſeins
du Miniſtre Colbert, chargé du Département de
la Marine. M. *Poullain de Saintfoy* combat toutes ces opinions ſur l'Homme au maſque de fer.
Il recule encore l'époque de la détention de ce
priſonnier à la Citadelle de l'Iſle Sainte - Marguerite, fixée par M. de Voltaire à 1661 , par
M. de la Grange-Chancel à 1669, & par l'Auteur

des *Mémoires Secrets* à la fin de 1683. M. de Saintfoy affure que ce prifonnier inconnu étoit *le Duc de Montmouth*, fils de Charles II, Roi d'Angleterre, & de Lucie Walters ; qu'il s'étoit formé un parti dans le Comté de Dorfet, où il avoit été proclamé Roi ; qu'ayant attaqué l'Armée Royale, il fut défait, pris, & conduit à Londres, où il fut renfermé à la Tour, & condamné à être décapité, le 15 Juillet 1685. M. de Saintfoy ajoute que le bruit courut, dans le tems, qu'un Officier de l'armée du Duc de Montmouth, qui lui reffembloit fingulièrement, fait prifonnier avec lui, eut le courage de mourir à fa place. Il cite *M. Hume* & le Livre des *Amours de Charles II & Jacques II, Rois d'Angleterre ;* & il obferve, pour accréditer fon opinion, que Jacques II, pouvant craindre quelque révolution qui rendît la liberté au Duc de Montmouth, penfa que, quoiqu'il lui accordât la vie, il feroit fans inquiétude en le faifant paffer en France. Le Jéfuite Henry Griffet, qui a été pendant long-tems Confeffeur (1) des prifonniers de la Baftille,

____

(1) Les Jéfuites, devenus Confeffeurs des Rois, ne manquèrent pas de placer un d'entr'eux dans le pofte de Confeffeur de la Baftille. Cette place, peu importante dans d'autres mains, étoit dans les leur un moyen de faire des découvertes qui entroient dans les vues profondes de leur politique infernale. Auffi étoit-elle devenue héréditaire dans la Société.

qui avoit feuilleté tous les papiers les plus fecrets des Archives de ce Château , & qui avoit fans doute vu le regiftre mortuaire qui exifte dans ce dépôt, a fait une *Differtation* très-folide fur ce problême hiftorique. Ce Jéfuite n'attefte pas que l'*Homme au mafque de fer* fût le *Comte de Vermandois* ; mais il raffemble bien des raifons & des probabilités en faveur de cette opinion ; & il femble que fur cette matière le fuffrage du Père Griffet doit être d'un grand poids.

VI. Le dépôt de la Baftille contient plufieurs malles de papiers de feu M. *le Duc de Vendôme*, (1) qui concernent fon Hiftoire , & celle des guerres d'Efpagne , d'Italie & de Flandres. Ces papiers furent faifis fur fon fils naturel, qui étoit fon légataire , lequel étant

---

(1) Louis-Jofeph, Duc de Vendôme, de Mercœur , d'Etampes & de Penthièvre , Général des Galères, Grand-Sénéchal , & Gouverneur de Provence , né le 30 Juillet 1654, fut Vice-Roi , & Généraliffime des Armées de Catalogne & d'Efpagne , depuis 1685 , jufqu'au commencement de ce fiècle. En 1702, il paffa au commandement des armées d'Italie, où il battit le Prince Eugène , & les Impériaux ; & en 1707 , il fit la campagne de Flandres: il retourna trois ans après en Efpagne, où il mourut à Vinaros , le 11 Juin 1712. Cet homme célèbre par fes exploits militaires , qui avoit le Roi Henri IV pour bifayeul, ne laiffa d'autre poftérité , qu'un fils naturel qu'il fit fon légataire.

foupçonné d'avoir compofé la brochure inti-
tulée *les trois Maries* (les trois MAILLYS),
fut renfermé d'abord à la Baftille , & transféré
dans la fuite à Vincennes, où il eft mort. Ces
papiers font dans un lieu humide : ils ne
tarderont pas à être pourris ou rongés par
les vers : & la poftérité fera privée de ces
matériaux précieux & uniques en leur genre.

VII. Le fieur *Vaillant*, Prêtre vertueux ,
mais, pour fon malheur , Appellant de la trop
fameufe *Bulle* , fut détenu à la Baftille depuis 1728 , jufqu'en 1731. Il y fut de nouveau renfermé en 1734. Des perfonnes li-
vrées à l'illufion ou féduites, débitèrent « que
» ce Prêtre étoit *le Prophête Elie*, defcendu
» depuis peu fur la terre ; qu'il étoit à la Baftille ;
» mais qu'il en fortiroit miraculeufement , &
» feroit mis à mort. » Les partifans de cet Ecclé-
fiaftique furent nommés *Vaillantiftes*. Les vexa-
tions que l'on exerçoit contre lui , & fes
auftérités , lui avoient échauffé l'imagination. Il
crut quelque-temps qu'il étoit effectivement le
Prophête Elie. Il s'attendoit à fe voir enlever
quelque jour dans un tourbillon de feu , &
il l'annonçoit bonnement aux Officiers de
l'Etat-Major. Le 26 Janvier 1739 , le feu
prit à fa cheminée , il crut être au moment
de fon enlévement , mais le feu s'éteignit , &

il

il demeura fous les verroux , comme à l'or-
dinaire. Alors il fe crut obligé de déclarer
très-férieufement, par écrit, au fieur Hérault,
Lieutenant de Police, que *lui* VAILLANT
*n'étoit en aucun fens le Prophéte Elie, qu'il
ne le repréfentoit pas , & n'avoit même aucune miffion pour l'annoncer , agir, ni parler en fon nom.* Un Dimanche étant entré dans
la Chapelle pour entendre la Meffe, il s'empare des Ornemens , paffe l'aube, met la
chafuble & commence la Meffe. On appelle
du fecours ; le Major vient, veut interrompre
le Prêtre, qui continue. Le Major s'oppofe,
le Prêtre réfifte ; & les deux champions fe
prennent au collet. Cette fcene priva pour toujours le Prifonnier d'affifter à la Meffe. Il fut
transféré dans la fuite à Vincennes, où il eft
mort.

VIII. Le *Comte de Lally* a été près de trois
ans à la Baftille. Il étoit d'un tempérament
violent. Un de fes propos favoris étoit « qu'il
» ne connoiffoit point de plaifir plus doux que
» celui de la vengeance, que c'étoit vraiment
» le plaifir des Dieux ». Il difoit : *le Parlement
me jugera fuivant toute la rigueur des Loix,
mais le Roi me fera grace , & commuera la
peine.*

On lui avoit permis d'avoir avec lui un

Secrétaire. Il le harceloit par ſes duretés con-
tinuelles. Un jour ce Secrétaire ayant apperçu
dans la grande cour un amas de ſang caillé
provenu d'une ſaignée de malade, qu'un valet
avoit jetté par inconſidération , il fut ſaiſi
d'effroi, ſe crut prêt d'être ſupplicié ; la tête
lui tourna. Il fut transféré à Charenton.

Le Major de la Baſtille eut ordre de conduire le Comte de Lally au Palais pour le
dernier interrogatoire. M. le premier Préſident
vouloit que cet Officier lui ôtât le cordon de
l'Ordre, & les marqués de ſes dignités. Il
refuſa , & les Huiſſiers le firent. Le Comte
de Lally reconduit à la Baſtille , les promenades & les viſites lui furent interdites. Les
Officiers ſe relevoient pour lui tenir compagnie.
Son Arrêt ne fut exécuté que trois ou quatre
jours après qu'il eut été prononcé. Pendant
ce temps, ſes parens ſe promenoient en voiture
du côté de la porte Saint-Antoine, & faiſoient
devant ſa fenêtre la démonſtration de ſe couper
le coû. Tous leurs ſignaux furent inutiles, le
priſonnier concentré en lui-même , ne jetta
point les yeux de ce côté, & laiſſa tout à faire
au Bourreau, qu'il eût prévenu certainement.
Le Major fut chargé de le ramener à la con-
ciergerie, & de paſſer dans ſa chambre la nuit
d'horreur qui précéda ſon exécution. Il s'y re-

concilia avec cet Officier, qu'il avoit pris en
haine. Le lendemain M. Pasquier, Conseiller au
Parlement, lui dit : *le Roi est plein de bonté,
il vous fera sûrement grace , si vous déclarez
ce que vous savez sur vos deux complices, &c.*
Lally entra en fureur, traita M. Pasquier de perfide, lui prodigua les injures les plus grossières,
proféra avec emportement les imprécations &
les blasphêmes les plus horribles. Le Magistrat
ordonna qu'on lui mît un bâillon à la bouche.
Peu après le Confesseur parut ; on lui ôta le
bâillon. Il fit semblant de se recueillir, tira une
pointe de compas qu'il s'étoit ménagée, & s'ap-
puya fortement dessus, voulant se détruire. On
s'en apperçut, & on le désarma. Il dit : *F......,
j'ai manqué mon coup.* Le Chirurgien trouva la
blessure très-légère. Enfin le patient se calma, &
se confessa. Il fut exécuté le   Mai 1766.

. La famille du Comte de Lally avoit fait le relevé de toutes les circonstances de l'exécution
du Duc de Biron ; elle en sollicita inutilement la
répétition. Cette famille fut moins empressée à
sauver la personne du coupable, qu'à recouvrer
les sommes immenses qu'il avoit fait passer en Angleterre.

M. de Voltaire a donné récemment des *Fragmens sur l'Inde*, où il évoque à son tribunal le
procès du Comte de Lally, pour reviser l'Arrêt

qui l'a condamné. On voit, avec un mépris mêlé d'indignation, que ce vieillard, qui se vante d'aimer le vrai par-dessus tout , & qui se donne, comme ayant vu les Mémoires les plus circonstanciés , les informations les plus secrettes du procès, ne fait qu'effleurer les moyens de justification proposés dans les Mémoires seuls de la partie condamnée. Cela suffit à M. de Voltaire pour déclamer contre le Parlement de Paris, pour lui reprocher à tort & à travers des misères de deux cents ans, jusqu'à l'*Arrêt en faveur d'Aristote* , sans qu'il ait eu le bon sens de se dire à lui-même que toutes les ames honnêtes seroient soulevées de cette méchanceté basse, qui profite de la circonstance où les membres de cette Compagnie, victimes de leur zèle pour la Nation, sont dispersés en exil, pour leur insulter sans pudeur. C'est bien là le coup de pied de l'âne, suivant la remarque de la *Gazette Littéraire de l'Europe,* année 1773.

Fin des Remarques sur le Château de la Bastille.

Siége de la Bastille, prise en 2 heures et demie, le 14 Juillet 1789.

PRISE ET DÉMOLITION

DU FORT

DE LA BASTILLE,

Pour servir de suite à l'Histoire de la Bastille.

LA destinée d'un monument consacré au despotisme, à l'arbitraire, aux ressentimens ou aux vengeances ministérielles, à la barbare avidité de ses Gouverneurs, toujours dévoués, par une cruelle reconnoissance, aux volontés ou aux caprices du despote, devoit disparoître & s'effacer devant le crépuscule de la liberté. Cette forteresse, bâtie sans goût, comme sans nécessité, occupant dans l'enceinte d'une Ville immense un espace qu'un monument utile aux Arts ou au Commerce eût mieux rempli, plus redoutable aux paisibles habitans de la Capitale qu'à ses ennemis, coûtoit au Monarque des sommes immenses, que les dilapidations des Chefs & des subalternes même grossissoient encore impunément :

cette horrible prifon, féjour des grands forfaits & de l'ombrageux oftracifme, labyrinthe impénétrable d'un farouche pouvoir, dépôt infâme d'inftrumens nouveaux de tortures & de mort, théâtre récent de la plus exécrable trahifon: déjà elle n'eft plus. La main de la liberté vient de frapper fes fondemens. Un Prévôt des Marchands en pofa la première pierre: la première pierre qui s'en détache, va écrafer la tête du dernier de fes fucceffeurs. Un grand Roi, de grands Capitaines l'avoient jugée imprenable: deux heures & demie de tems la font tomber entre les mains d'une poignée de Bourgeois fans expérience, & prefque fans armes; car qu'eft-ce qu'une arme dans les mains d'un homme qui ne fait pas la manier?

Il eft vrai qu'ils étoient fecondés par les plus braves foldats de la Nation, par les Gardes-Françaifes; mais, outre qu'ils n'y étoient pas tous, qu'auroient-ils fait eux-mêmes fans les cohortes bourgeoifes, tout indifciplinées qu'elles étoient? Le patriotifme, ce fentiment nouveau, (car le defpotifme l'avoit effacé du cœur des Français) fuppléa à tous les talens militaires. On a vu la bravoure, le zèle & l'intrépidité confondre enfemble les Héros, le laurier de la victoire couronner indiftinctement toutes les têtes. Les premiers Citoyens de la conquérante Rome n'étoient ni difciplinés ni aguerris ; en furent-ils moins les aïeux des maîtres du monde ?

Mais n'anticipons ni fur les faits, ni fur les éloges ; achevons l'Hiftoire de la Baftille : c'eft celle de fon dernier foupir. Nous regardons comme indifpenfable, & on nous faura gré peut-être de reprendre les faits d'un peu plus haut. Ils ne font d'ailleurs rien moins qu'étrangers à cette Hiftoire.

Le Sully du dix-huitième fiècle, M. Necker, avoit reçu, le Samedi 11 Juillet, une Lettre d'exil hors du Royaume. Il dînoit alors ; il lit la Lettre, achève fon repas, monte en voiture avec fon époufe, fe fait conduire à Saint-Ouen ; là, il prend des chevaux de pofte, & prend la route de Bruxelles.

Il fallut du tems pour que cette nouvelle fe répandît ; mais le lendemain, Dimanche, elle eft fue de tout le monde. Le même jour, au matin, on lit dans des placards, affichés avec profufion, que le Roi, pour maintenir le bon ordre dans fa bonne Ville de Paris, & pour prévenir les attentats de certaines gens mal intentionnés, avoit cru devoir faire avancer des troupes vers la Capitale : & déjà la barrière de la Conférence eft gardée par ces troupes armées de toutes pièces, & hériffée de canons. Les Champs Elyfées font occupés par un camp: Un autre exiſtoit au Champ de Mars. Le pont de Sève eſt gardé par des troupes & des canons. Il y a des cantonnemens à Saint-Cloud, à Meudon, aux portes de Verſailles. Cinq Régimens & de l'artillerie viennent d'arriver à Saint - Denis. Des travaux tracés à Montmartre, par la main de la charité, font déſignés par celle de la fureur & de la vengeance, comme devant ſervir à l'exécution de la plus abominable conſpiration.

M. Necker eſt exilé, & le Baron de Breteuil eſt rappellé ; & les Barantin, les Villedeuil, reſtent avec l'infame intrépidité de la ſcélérateſſe.

Une ſucceſſion ſi rapide d'événemens imprévus & extraordinaires, une exploſion ſi ſoudaine & ſi chaude d'un complot déjà vivement ſoupçonné ; des changemens ſi bruſques & ſi déſagréables au Peuple & à ſes Repréſentans aſſemblés, déceloient néceſſairement les projets les plus ſiniſtres : c'étoit le manifeſte de la guerre civile ; ce fut l'éveil & le ſignal de la liberté.

Dans l'après - midi du Dimanche, les Citoyens paiſibles s'étoient répandus dans les Jardins publics. Le Camp des Champs Elyſées n'attiroit encore que des ſpectateurs, lorſque des mouvemens inquiets parmi le Peuple, la retraite précipitée des femmes & des Citoyens ſans armes, la défertion fubite des Tuileries, des évolutions militaires, des cris fourds & lointains, annoncent un danger prochain. Le Palais-Royal ne peut déjà plus contenir la foule des Bourgeois alarmés, qui font entendre par-tout ce cri effrayant : *Aux armes ! vîte, aux armes, Citoyens!* Bientôt l'alarme fe communique. Déjà l'on voit briller dans les rues quelques épées citoyennes. Une populace active & nombreufe fubitement armée de fufils, de coutelas, de fabres, de maffues, de bâtons, fe répand tumultueufement dans les différens quartiers de la Ville. Elle force ; elle entraîne le Bourgeois à demi - inftruit, & non encore précautionné: elle menace même d'arracher à fes foyers l'époux, le père, le fils qui ne connoît point encore fes ennemis. On ne fait bientôt plus qui l'on a le plus à redouter, d'un ennemi encore éloigné, ou d'une populace violente & facile à s'allarmer.

Ce fut cependant cette populace qui fauva Paris par fon audacieufe activité. Elle avoit engagé M. Curtius, fameux Artifte en Buftes de cire, de fe défaifir de ceux de M. le Duc d'Orléans & de M. Necker. En poffeffion de ces buftes, dont la parfaite reffemblance lui rappelle le fouvenir de ces deux amis du Peuple, & lui en retrace les vertus tutélaires, elle les promène dans les rues. Un crêpe blanc, qu'elle y a attaché, 'exprime fa douleur & fon deuil ; & loin de manifefter aucun deffein hoftile, elle fe fait accompagner par quelques efcouades du Guet, pour maintenir l'ordre, & prévenir toute efpèce de brigandage. Les troupes ennemies prennent ce prétexte pour fe répandre dans la Place Louis XV, fur les Boulevards, à la Place Vendôme ; là d'infâmes foldats fe précipitent au milieu d'un troupeau de femmes, de vieillards & d'enfans, qu'ils foulent fous les pieds de leurs chevaux, ou qu'ils affaffinent à coups de fabres. Les buftes font mutilés, & la populace difperféc. Cet horrible attentat frappe bientôt les oreilles des Gardes-Françaifes. Ces généreux foldats de la Nation fe précipitent en foule hors de leurs cazernes, malgré l'ordre froidement barbare de leurs Officiers. Ils volent ; & déjà foutenus de la moufqueterie & d'un canon du dépôt, ils ont balayé les boulevards d'un détachement de Royal-Allemand, & d'un autre détachement de Dragons.

Tandis que les chofes fe paffoient ainfi aux Boulevards & à la Place Vendôme, un Prince, pourvû d'une des grandes charges de la Couronne, & Colonel du Régiment Royal-Allemand, Lambefc, dont nous ne prononçons ici le nom que pour le dévouer à l'immortalité de la fcélérateffe ; Lambefc, à la tête de fon Régiment, s'étoit jeté en furieux dans la Place de Louis XV, le fabre d'une main, un piftolet dans l'autre; déjà il frappe, écarte la foule des Citoyens, qui, fubitement enveloppés de ces barbares, cherchoient à fuir par des chemins détournés. Les Gardes-Françaifes, qui accouroient de toutes parts, fe rallient fous les drapeaux de la Nation, arrêtent d'abord cette impétuofité, & obligent l'ennemi à regagner fon camp. Lambefc, irrité d'une réfiftance que ne lui avoit pas encore fait éprouver les badines parifiennes; Lambefc, qui n'écoute plus que les mouvemens d'une orgueilleufe rage, a la baffeffe de pourfuivre à cheval, & armé des deux mains, un jeune Bourgeois à pied & fans armes, qui cherchoit un afyle dans le jardin de fon Roi. Il l'atteint fur le Pont-Tournant, & l'affaffine d'un coup de piftolet tiré à bout portant. Il pénètre dans le jardin, qu'il trouve prefque défert: un vieillard, qui fe retiroit avec fon ami, fe préfente devant lui; il lui tend fes débiles bras pour lui demander la vie; & déjà Lambefc lui a fendu la tête de fon large cimeterre. Après avoir cherché inutilement dans tout le jardin de nouvelles victimes, il fe hâte de regagner le camp des Champs Elyfées; mais ce camp eft abandonné dans la nuit du Dimanche au Lundi.

La conduite audacieufe de Lambefc fait foupçonner, avec quelque fondement, qu'il s'étoit chargé de donner, en mettant le premier son Régiment en action, & en frappant les premiers coups, le signal de l'horrible maſſacre, dont le plan avoit été conçu, combiné & tracé dans le ſecret des cabinets, par la main de ceux qui entouroient de plus près le Trône, les Princes du ſang, ſecondés par des Miniſtres vils & corrompus, par des Officiers vendus à l'intérêt, & par des Ariſtocrates orgueilleux, intéreſſés au déſordre, à l'anarchie, & ſur-tout à la diſſolution des Etats - Généraux, qu'ils regardoient comme les ennemis infaillibles de leurs droits chimériques, de leurs privilèges inſultans & de leurs monſtrueuſes uſurpations.

Mais la contenance fière & ferme des Gardes-Françaiſes, dont la troupe groſſiſſoit à chaque inſtant, & les nombreuſes cohortes des Bourgeois armés à la hâte, qui, ſe précipitoient au-devant de leurs vils aſſaſſins, leur en impoſèrent, ſans doute; ils diſparurent, ou plutôt ils s'éloignèrent; on éclaira leurs pas toute la nuit, & le paiſible Citoyen put la paſſer, ſinon dans le repos & la ſécurité, au moins dans le calme & dans le ſilence : mais ce ſilence même avoit pourtant quelque choſe d'effrayant, parce qu'il étoit extraordinaire. Une ſombre illumination bordoit le premier étage des maiſons; & pour la première fois, ce ſignal de la joie & de l'allégreſſe

publique devint , pour le Parifien alarmé , le pré-
fage de la terreur & de l'effroi.

Cependant un tocfin général s'étoit fait entendre dans Paris dans les dernières heures de
la journée du Dimanche. Les Citoyens s'étoient
raffemblés dans les Eglifes , pour délibérer fur
la chofe publique , fur les dangers , & fur les
précautions à prendre pour les faire ceffer ou
pour les prévenir ; tandis que les Gardes-Françaifes , qu'on n'appelle plus que les Gardes-Na-
tionales , alloient préfenter le combat au camp
des troupes commandées par Lambefc : elles le
refusèrent , & mirent bas les armes. Lambefc eft
menacé d'une défection totale. Il a l'imprudence
de menacer fes foldats de la corde : ceux-ci fe
foulèvent , & dès le matin du Lundi , il fe voit
obligé d'abandonner & fes troupes & fon camp ,
& va porter à Verfailles l'alarme dans le cercle
abject des Ariftocrates , qui , dans une déteftable
orgie , célébroient d'avance les iniques fuccès
d'un complot qu'ils croyoient immanquable.

Ce même , jour l'Affemblée nationale envoie
une députation au Roi pour lui propofer des
moyens de pacification : le Roi , toujours obfédé ,
toujours trompé , répond que toutes les précautions que pourroit prendre l'Affemblée , devien-
nent inutiles ; qu'il fe charge de tout , & que du
refte , il perfifte dans les intentions qu'il a déjà

manifeftées aux Repréfentans de la Nation.

Cette préoccupation fâcheufe d'un Roi, qui, depuis le premier moment de fon avènement au Trône, n'avoit refpiré que le bonheur de fon peuple, augmente encore les inquiétudes publiques; le danger groffit à tous les yeux, & la réponfe du Roi accélère & les armemens des Citoyens guerriers, & les délibérations de ceux qui ont confacré leurs talens & leur vigilance à la sûreté commune. Les Electeurs s'affemblent à l'Hôtel-de-Ville, forment un Comité permanent, vu l'urgence & l'importance des conjonctures; ils établiffent, dans toute l'étendue de la Ville, foixante Diftricts qui communiquent entr'eux & au Comité central de la Ville. Une Garde bourgeoife eft promptement levée. Les Gardes-Françaifes, les Gardes-Suiffes, plufieurs foldats de divers Régimens font incorporés dans la Milice Parifienne, qui reconnoît pour Chef & pour Commandant-Général d'abord M. le Marquis de la Salle, puis M. le Marquis de la Fayette, à qui fon héroïfme reconnu, fon patriotifme, fes talens & fes vertus ont acquis l'unanimité des fuffrages & des vœux : mais le Lundi, dont je décris actuellement les évènemens, on reconnoît encore les ordres & la préfidence d'un traître : c'étoit de Fleffelles, Prévôt des Marchands.

Le foin que je m'impofe de tranfmettre à la

poftérité des noms qui ne doivent parvenir jufqu'à elle qu'avec le fceau de la réprobation & de
l'exécration qu'ils infpirent à la génération actuelle, me fait fouvenir que je n'ai pas encore
nommé le Chef-Commandant de cette mémorable
confpiration.

Ce Chef, ce confpirateur guerrier, c'eft un Maréchal de France; & ce Maréchal de France,
c'eft *de Broglie*; c'eft lui; c'eft un Français, un
Citoyen, qui a eu l'infigne baffeffe d'accepter le
commandement d'une armée deftinée à égorger
des Français, des Citoyens, fans doute pour fervir, feconder une cabale odieufe, dont il doit
partager aujourd'hui l'infamie, les remords & les
craintes.

Nous paffons fous filence une foule de faits
que nous avons jugés au-deffous du pinceau de
l'Hiftoire, & qui font confignés dans les relations du moment. Ce jour voit armés cent mille
Citoyens, & la nuit qui fuccède eft plus calme
qu'on ne devoit raifonnablement s'y attendre. La
populace défarmée, ou mife fous l'influence des
Gardes-bourgeoifes, ne prolonge plus l'alarme
dans les rues par fes courfes incertaines & tumul-
tueufes : ce fut le premier fruit de l'établiffement
du Comité, des Diftricts & des fages délibérations qui furent prifes par-tout, & par-tout exé-
cutées avec un concert inconcevable.

Le Mardi 14 Juillet, nouvelles cocardes : jufqu'à ce jour, on les avoit portées vertes : cette couleur rappelle le fouvenir d'une livrée déteftée, celle du Comte D'...... ; on fubftitue à cette couleur, qui ne peut plus parer que des traîtres & des confpirateurs, les couleurs du blafon de la Ville, le rofe & le bleu. Les auteurs de cet horrible complot, que la toute-puiffance fans doute venoit de faire avorter, ne défemparoient toujours pas. On les connoiffoit, on foupçonnoit même les complices & les adhérans fubalternes; la confpiration étoit formidable, foit par le rang, le crédit & les richeffes de fes fauteurs, foit par leur nombre; on craignoit donc toujours; & cette ctainte multiplioit, à chaque inftant, les foldats de la Patrie.

On croyoit encore le premier Prince du Sang, qui, par fes vertus, fa popularité, & fur-tout par les actes répétés de la plus noble bienfaifance, ętoit devenu, à jufte titre, l'idole des Français & par conféquent l'objet de la haine & de la vengeance d'une baffe ariftocratie; on croyoit, dis-je, que M. le Duc d'Orléans étoit exilé, & peut-être tombé au pouvoir de fes ennemis. On menaçoit de mettre le Palais-Royal en cendres; les Repréfentans de la Nation étoient eux-mêmes menacés d'un maffacre inévitable. Toutes les barrières de la rive droite de la rivière avoient été incendiées

dans

dans la nuit du Dimanche au Lundi. Il y eut des avis que les incendiaires avoient été soudoyés par la cabale, & que cet incendie, exécuté à la même heure, & à-la-fois, n'étoit qu'une diversion imaginée par elle, pour dépayser le Parisien, & l'occuper.

Les troupes n'étoient plus aux portes de Paris ; mais les cantonnemens de Sèves, de Saint-Cloud, de Meudon & de Saint-Denis, subsistoient toujours ; on attendoit de nouveaux Régimens, & de l'artillerie. Tous les sujets d'alarmes n'étoient point effacés ; il falloit se tenir plus que jamais sur la défensive : il falloit renforcer de plus en plus l'armée parisienne ; & la Ville n'avoit point d'armes. Le Prévôt des Marchands refusoit toujours d'en donner, sous différens prétextes. Un particulier se fait introduire chez lui à son lever : il lui donne avis que les ennemis ont arrêté en chemin un convoi de munitions ; il ne s'en émeut pas ; il ordonne froidement qu'on en prenne note.

Le besoin d'armes étoit pressant ; en attendant la détermination du Prévôt, dont on ne suspectoit pas encore le caractère, on se détermine à aller aux Invalides. On y va plutôt en foule qu'en force. On n'imagine pas que, dans la cause du patriotisme & de la liberté, il soit possible de rencontrer des diffidens. Les Invalides ouvrent leurs portes. La foule fe répand dans l'Hôtel ; fond fur le magafin des armes, s'empare de toutes celles qu'elle y trouve : on ne favoit pas encore que le Gouverneur en avoit fait enlever, la veille, fix voitures, & qu'il en avoit fait cacher une quantité prodigieufe entre la voûte de l'Eglife & le toit qui la couvre. On s'empare en même-tems des canons, qu'on amène : on avoit eu foin, la veille, de fe rendre maître de ceux des Cafernes des Gardes-Françaifes ; mais on ne s'y étoit déterminé que dans la crainte qu'ils ne fuffent livrés à la main du defpotifme. On affure que plufieurs de ces canons avoient été encloués ; on en accufe les Officiers ; on fonde probablement cette accufation, au moins vraifemblable, fur leur fciffion d'avec le Corps des Grenadiers & Fufiliers, & fur les efforts qu'ils firent pour empêcher les Gardes - Françaifes de fortir de leurs Cafernes les Dimanche, Lundi & Mardi.

Les armes qu'on trouve fous la main ne fuffifant pas pour armer tous les Citoyens, on fe réfout d'aller en demander au Gouverneur de la Baftille.

Mais avant de nous livrer à l'hiftorique des faits relatifs à la deftinée de cette Fortereffe, voyons ce qui fe paffoit dans la Ville & dans l'Hôtel-de-Ville.

L'état d'incertitude où l'on étoit toujours fur le plan de la confpiration formée contre la Capitale, &, par fuite, contre la France entière ;

fur les noms, les caractères & le nombre des conspirateurs ; l'extrême importance dont il étoit de recueillir, fur tous ces objets, le plus de connoiffances poffible ; la crainte, trop fondée peut-être, que tous les Nobles, qui, du moins par le rang, tenoient à la fecte ariftocratique, ne défertaffent la Ville; & que, triant, pour ainfi dire, par leur retraite, les victimes défignées par la feule dénomination de leur claffe, les ennemis n'euffent plus eu à craindre de les confondre fous leurs coups avec leurs complices ou leurs adhérans : toutes ces confidérations menèrent naturellement à l'heureufe précaution, non-feulement de retenir en-dedans des Barrières tous les Citoyens, fans diftinction de rang ; mais encore d'arrêter & de vifiter toutes les voitures qui fe difpofoient à fortir de Paris. Ce fut cette précaution, dont l'événement n'a que trop jufti-fié la néceffité, qui perdit M. de Fleffelles. On découvrit des traces d'une correfpondance cri-minelle. Une lettre, trouvée dans la poche de de Launay, acheva de le convaincre; mais il igno-roit encore qu'on eût découvert la part qu'il avoit dans cette abominable confpiration.

Pendant que les chofes fe paffoient ainfi, un détachement des Gardes-Françaifes & environ deux mille (1) Bourgeois armés, s'étoient ren-

____

(1) D'autres difent fix mille.

dus à la Baftille. Le Gouverneur, à qui cette députation (car c'en étoit une, plutôt qu'une armée) avoit demandé, au nom de la Ville, des fufils & des munitions, avoit fait baiffer le premier pont-levis : on s'étoit avancé, avec confiance, jufques dans la première cour ; mais bientôt après le pont-levis fe hauffa. Cette manœuvre étonna d'abord ; elle devint peu après effrayante. Un Canonnier, qui fe trouvoit dans la troupe engagée dans ce moment dans la cour de la Baftille, s'apperçut des premières manœuvres de la plus horrible trahifon. Il invite fes camarades à fe ranger promptement le long des murs de la tour, pour fe mettre au moins à l'abri du jeu des canons ; mais cette précaution, heureufe fans doute, n'empêcha pas qu'un grand nombre de Bourgeois & quelques Gardes-Françaifes ne fuffent les victimes de celui d'une moufqueterie foutenue. Le pont-levis fe baiffe enfin. On fe hâte de fortir de ce coupe-gorge, où il n'a pas tenu au traître Gouverneur, l'infâme Delaunay, nom détefté & regardé comme une calamité par ceux qui font obligés de le porter, de faire une horrible boucherie de fes Concitoyens.

On n'eft pas plutôt inftruit à l'Hôtel-de-Ville de ce procédé inoui de de Launay, & que la multitude feule des témoignages force à croire, que le Comité permanent fe hâte d'envoyer à ce Gouverneur une députation, pour lui demander raifon de fa perfidie & du fang qu'il a répandu à difcrétion , & contre toutes les règles du droit des gens. Introduits dans la première cour , comme l'avoient été avant eux les Bourgeois , les Députés crurent remarquer qu'on fe difpofoit à les envelopper dans le même fyftême de trahifon : cela ne les empêcha pas de fignifier à Delaunay le décret dont ils étoient porteurs. Delaunay parle, de l'intérieur, de fe rendre ; &, au moment où on s'attend à une capitulation , toute la forterefſe tonne , & fur les Députés, & fur les affiégeans , qui avoient fufpendu l'attaque. Alors les Députés ne fongent qu'à fe retirer, s'il leur eft poffible : ils y parviennent avec peine ; mais en fortant de la Baftille, un autre danger, non moins preffant, les attend : le peuple , qui ne refpire par-tout que perfidie, trahifon, déception , voit encore des traîtres dans ces malheureux Députés, à qui il étoit bien permis de porter fur leurs phyfionomies l'empreinte du trouble, de la terreur & du défordre inféparable de ces impreffions : ils ont encore beaucoup de peine à ramener le peuple à une opinion plus conforme à leurs caractères , & même à fe fouftraire à fa fureur.

On ne fongeoit encore à la Baftille que pour avoir les armes & les munitions, qu'on foupçonnoit , avec raifon , dans fon enceinte. Tant de trahifon , tant de concert entre les traîtres , commençoient à faire reffortir de toutes les idées qui agitoient les efprits, l'idée de l'importance dont il feroit de fe rendre maître de la Baftille. Sa fituation , le caractère de celui qui y commande en chef , la formidable batterie dont cette Citadelle eft hériffée , la quantité de munitions dont on favoit qu'elle étoit fraîchement munie , jufques aux troupes qui venoient d'y être introduites , comme garnifon : tout juftifioit la néceffité d'une entreprife ; mais la difficulté ne s'en montroit pas moins à côté.

Cette dernière confidération n'empêchoit cependant pas les Gardes-Françaifes de s'en occuper, d'en parler, de la concerter même. Ils étoient dans cette difpofition qu'animoit encore le defir de venger leurs camarades, qui, avec plufieurs Bourgeois, avoient été, le matin même, immolés à la plus lâche trahifon, lorfque, environ deux heures après midi, ils furent rencontrés par un Citoyen, nommé *Hulin*, qui, après une courte harangue, fe mit à leur tête, ou plutôt fe mêla parmi eux.

Les Gardes-Françaifes, compofés, dans ce moment, d'un détachement des Grenadiers de Refuvielle, & d'un autre détachement de Fufiliers de la Compagnie de Luberfac, commandés par Warguier, Sergent-Major des Grenadiers, & par Labarthe, Sergent aux Gardes, fe mettent fur-le-champ en marche, avec trois pièces de canon qu'ils ont avec eux. Un grand nombre de Citoyens armés fe réuniffent aux Gardes, & reconnoiffent *Hulin* pour leur Chef. Mais la caufe commune rend le commandement commun ; les Militaires & les Bourgeois obéiffent tour-à-tour aux Bourgeois & aux Sergens.

Cette petite armée fe groffit encore fur fa route : d'autres détachemens de Grenadiers & de Fufiliers amènent cinq autres pièces de canon ; & réunis à l'armée nationale, ils prennent leur route par le Port au Bled, & par le quai qui conduit à l'Arfenal : là, on trouve encore des cohortes bourgeoifes, & deux pièces de canon qui étoient venues fe joindre à l'armée. Un troifième Sergent, *Richemont*, partage le commandement & la conduite du fiège.

Tandis qu'un grand nombre de Citoyens armés fe raffembloient par pelotons, fans ordre & fans Chef, fous le canon de la tour, par la rue & par le Faubourg Saint-Antoine, l'armée des affiégeans étoit déjà dans la première cour de l'Arfenal. Les Invalides, qui y avoient une caferne, n'étoient ni en nombre fuffifant pour réfifter, ni même dans l'intention de s'oppofer à leur approche ; ils fe joignent, au contraire, à eux ; & tous enfemble pénètrent, fans difficulté, dans la feconde cour.

E 4

Dans une Hiftoire telle que celle dont le mérite eft de n'omettre aucun des faits particuliers qui y concourent, nous manquerions à ce mérite-là même, fi nous laiffions échapper aucun de ceux qui peuvent fervir à la gloire, à l'immortalité même des braves foldats de la Patrie.

Ce motif nous engage, avant d'entamer l'action que nous fommes fur le point de décrire, à faire connoître d'avance les noms de ceux qui ont joué un rôle marquant dans cette action. Il nous paroît fur-tout indifpenfable de faire connoître un Chef, que jufques-là l'armée n'avoit pu reconnoître, mais à la conduite de qui elle s'abandonna, depuis ce moment, avec cette foumiffion & cette confiance qu'infpirent toujours le talent & la vertu. Je veux parler de M. *Élie*, Officier au Régiment de la Reine, Infanterie, qui fe trouva, fans le vouloir, ou du moins fans l'avoir follicité, chargé en chef de l'expédition ; mais, toutefois, fans exclufion ni du Bourgeois ni des Sergens aux Gardes que nous avons déjà nommés. Par-tout c'étoit moins concurrence que concours de commandement & d'obéiffances, de force & de talens, de zèle & de prudence, de patience & d'ardeur. Un avis fage étoit-il ouvert ? on le fuivoit, fans s'informer s'il venoit d'un Chef ou d'un Soldat ; tout eft chef par le talent ; tout eft foldat par le patriotifme ; tout

Français par le courage, la bravoure & l'intrépidité.

Un Canonnier du Corps-Royal de la Marine
de Brest, arrivoit ce jour-là même de cette Ville.
Canivet (c'est le nom de ce Canonnier) venoit
passer quelques jours avec un oncle qu'il avoit
dans cette Capitale. Il apprend l'expédition pro-
jettée contre la Bastille : il juge son bras & son
talent utiles à une aussi grande entreprise : il
brûle d'ailleurs de signaler les premiers instans
de son arrivée, par un acte de patriotisme & de
dévouement. Il ne se souvient plus de la fatigue
d'un long voyage, & c'est à un siège qu'il veut
aller prendre les premiers instans d'un bien juste
repos. Il joint l'armée, se nomme, se fait connoître, & il est chargé de la direction d'un canon. On verra combien il sut se rendre utile, &
combien son habileté contribua au succès d'une
entreprise qui ne passoit encore que pour une
courageuse témérité.

Le crime des assiégés suffisoit bien pour les
faire tenir sur la défensive : ils ne se dissimuloient
pas que la vengeance animeroit le courage, &
que l'une & l'autre opéreroient des prodiges. Ils
étoient donc préparés à tous les événemens.
D'ailleurs, ce Fort, qui se défendoit par sa seule
structure & par sa situation, étoit encore défendu
par une garnison composée d'une compagnie

d'Invalides , & d'un détachement de troupes Suiſſes. Vingt-ſept pièces de canon commandoient les environs du Fort, & plongeoient ſur les aſſiégeans conſtamment à découvert. Un foſſé large & profond en interdiſoit abſolument l'approche à des troupes dépourvues des inſtrumens & des machines qui ſont en uſage dans les ſièges. Que de raiſons de ſécurité d'un côté, tandis que de l'autre, il falloit un miracle pour juſtifier une entrepriſe naturellement extravagante ! Qu'on ajoute aux conſidérations raſſurantes des aſſiégés l'attente d'un ſecours promis avec la même certitude & à la même époque par deux conjurés, le Prévôt des Marchands de Fleſſelles, & l'Allemand Bezenval, Colonel des Gardes-Suiſſes. « Amuſez les Pariſiens pendant » quelque tems, écrivoit l'un au fidèle Gouver- » neur de Launay ; vous ſerez certainement ſe- » couru à telle heure. Tenez bon juſqu'à telle » heure, écrivoit l'autre ; je viendrai à votre » ſecours ».

Les aſſiégeans ignoroient encore cet abominable concert du Gouverneur avec les ennemis du dehors. Je me hâte de faire cet aveu pour laiſſer à l'impétuoſité françaiſe tout l'honneur d'un ſuccès qui ne peut être imputé à aucune autre cauſe.

Parvenus à la Cour des Salpétres, les aſſié-

geans font arrêtés d'abord par le feu des ennemis : c'eft-là le moment où l'action s'engage
& devient furieufe. Canivet avance avec fa pièce
de canon , dont il ne fait d'abord qu'une décharge , après que les Grenadiers & les Fufiliers
des Gardes-Françaifes ont fait un feu de file.

Des troupes qui cherchoient à approcher du
fort, par la porte de la rue Saint-Antoine, en-
tretenoient de leur côté un feu de moufqueterie inégal, mais foutenu ; il fut fans beaucoup
d'effet. Ils parvinrent cependant à occuper la
garnifon de ce côté-là , puifque des morceaux
de mitraille allèrent tomber dans les maifons fi-
tuées près le monaftère des Génovéfins , & qu'on
a vu des femmes & des enfans fauter, danfer ,
chanter & crier à la victoire, en voyant paffer
dans la rue Saint-Antoine des boulets fur leurs
têtes. L'armée des affiégeans fe difpofoit cependant à pénétrer plus avant ; mais des voitures
de fumier interceptoient le paffage de la
feconde voûte : on ne pouvoit, fans un danger
manifefte, perdre beaucoup de tems à écarter
ces voitures , & à déboucher le paffage. Le canon de la tour , chargé à mitraille, & la moufqueterie de la garnifon plongeoient dans cette
cour, & choififfoient , pour ainfi-dire , les victimes. Le fieur Elie, que nous avons déjà fait
connoître, traverfe hardiment le feu, & fait dé-

ranger les voitures. On parvient enfin à la feconde voûte; on s'empare du logement des Invalides, d'où l'on tire fur les embrafures de la forterefle, pour étouffer le feu des ennemis. Un canon eft établi en face du Pont-levis, par les ordres du fieur Hulin : fon projet étoit de couper, s'il étoit poflible, les chaînes du Pont-levis, afin qu'une fois baiflé, on ne pût pas le relever. De pareils traits de prudence font toujours des coups décififs. Le fuccès répondit à fon attente, les chaînes furent en effet brifées. Les afliégés n'auroient pu ni prévoir ni empêcher cet accident; mais pour plus grande fûreté, on avoit fait mettre le feu au fumier, que le fieur Elie avoit fait écarter; & l'épaiffe fumée qui s'en éleva, déroba aux afliégés toute la manœuvre de l'armée. C'eft ainfi qu'on étoit parvenu à la dernière cour, malgré le feu extrêmement vif de la forterefle.

Il s'étoit foutenu pendant près de deux heures, avec une vigueur toujours croiflante, lorfque de Launay fit arborer le pavillon blanc au haut de la tour de la Barinière : les afliégeans n'y eurent aucun égard. De Launay n'y comptoit peut-être que pour exécuter une nouvelle trahifon. Hulin avoit donné ordre à fix Grenadiers de ne s'occuper d'autre chofe que des crenaux du pont-levis, & de les balayer fans ceffe : rien n'incommodoit tant les aſſiégeans que le feu qui partoit de ces crénaux.

Pendant ce tems-là, le ſieur Elie faiſoit pointer un canon contre la calotte de la Forte-reſſe, & changeoit ainſi la diſpoſition de l'attaque qui étoit dirigée contre les flancs. Ce fut encore Canivet qui eut la direction du canon, & qui le ſervit ſi bien, qu'il parvint à faire une bréche au haut de la tour, tandis que des fenêtres qui dominoient ſur la Baſtille, un feu ſoutenu, dirigé entre les crenaux, empêchoit les aſſiégés d'en approcher, & rendoit, par conſéquent, leur mouſqueterie inutile. Sans cette heureuſe manœuvre, il eſt à préſumer qu'un très-grand nombre des aſſiégeans eût été la victime de ſon audace & de ſon intrépidité.

Déſeſpéré de voir que ſon ſignalement ne produiſoit aucun effet, de Launay eut recours à un autre ſtratagême. On vit ſortir, des fentes du pont-levis, un papier écrit, mais dont l'éloignement rendoit la lecture impoſſible. Un particulier inconnu va chercher une planche, au moyen de laquelle on puiſſe approcher du papier. Mais ce malheureux tombe dans le foſſé avant qu'il puiſſe l'atteindre, & y perd la vie.

Le ſort de cet infortuné n'intimide perſonne: un nommé *Maillard*, Porte-Enſeigne, remet ſon drapeau entre les mains de ſon voiſin, paſſe sur la même planche, arrache le papier, & le porte heureusement au sieur Elie. C'étoit une espèce de capitulation conçue en ces termes : « Nous avons vingt milliers de poudre : & nous » ferons sauter la garnison, & tout le quartier, » si vous n'acceptez pas la capitulation ». On ignore quels en étoient les articles.

Cette menace ne fit pas plus d'impression que le drapeau blanc. On fit avancer trois pièces de canon, qui furent pointées contre le pont. Dès la première décharge, l'ennemi voyant qu'on s'attachoit au pont, fit baisser le petit pont-levis de passage qui est à côté, & sur la même ligne de l'entrée de la Forteresse.

Une pareille manœuvre ne pouvoit être qu'une suite du système de perfidie que de Launay avoit développé dans tous les points de sa conduite. Il n'y eut personne qui ne sentît ce nouveau piège tendu à l'impétuosité française. Il pouvoit à peine passer sur ce pont deux personnes de front ; de Launay auroit, comme le matin, laissé entrer dans la cour un certain nombre d'assiégeans. Il les eût ensuite fusillés à discrétion ; le reste des assiégeans auroit, pour ainsi dire, défilé deux à deux devant la garnison, qui auroit eu toute la facilité de les égorger, & toute l'armée nationale eût ainsi péri en détail dans une cour longue de cent vingt pieds sur quatre-vingt de large.

Ces réflexions, que chacun dût se faire, n'empêchèrent pas les sieurs Elie, Hulin & Maillard de sauter sur le petit pont.

Mais les Gardes-Françaises eurent la prudence de former, à l'autre bout, une barrière pour empêcher que la foule des assiégeans ne se précipitât sur le pont. Cette précaution honore plus les Gardes-Françaises que tous les traits de bravoure qui les ont d'ailleurs si noblement distingués. Ils sauvèrent l'armée.

Cependant, les intrépides Héros qui s'étoient élancés sur le pont sommoient la garnison de baisser le grand pont-levis. Alors la porte du petit passage s'ouvre. Le sieur Elie entre le premier, suivi des sieurs Maillard, Hulin & *d'Arné* Grenadier. La barrière tenoit toujours ; mais on baissoit enfin le grand pont-levis. Cependant, avant que l'armée eût été introduite dans la Citadelle, d'Arné & Maillard s'étoient déjà saisis de la personne du traître Gouverneur, qu'on avoit trouvé dans la Cour. Il fut remis aux sieurs Elie & Hulin. Il avoit alors entre les mains une canne à pomme d'or & à épée, dont il voulut se percer : d'Arné l'en empêcha, & lui arracha la canne.

On dit que, dans ce moment, un reproche de la vertu s'exhala de l'organe impur de Delaunay : « J'ai trahi ma Patrie, dit-il avec l'accent du

„ défefpoir ». Sans doute il l'avoit trahie; mais il avoit auffi violé le droit des gens dans la perfonne des Bourgeois & des Gardes - Françaifes, qu'il avoit fait fufiller le matin dans la cour de la Forterefle ; & l'impoffibilité de la trahir encore fut le feul terme à fes trahifons. Le Major de la place fut la première victime immolée à la jufte vengeance des affiégeans. Il eut la tête tranchée fur le lieu même, ainfi que quelques Canonniers trop dociles aux ordres d'un traître. La garnifon confiftoit encore en quelques Invalides, & environ trente Suiffes, & un Officier à leur tête. Ils alloient également être immolés aux mânes de tant de braves foldats de la Nation qu'ils avoient eu la lâcheté d'égorger à difcrétion : mais le fieur Elie, qui avoit mérité une fi grande confidération de l'armée dont il venoit de diriger fi heureufement les opérations, fauva la garnifon de la Baftille. Ce trait d'humanité n'eût pas manqué à fa gloire; mais il y ajouta.

Ainfi tomba, fous les premiers coups de la liberté, après deux heures & demie de fiège, cette affreufe Forterefle, jugée plus d'une fois imprenable par les Héros du defpotifme.

Cependant le Peuple, impatient du fupplice de l'infâme de Launay, laiffoit appercevoir la plus grande difficulté d'emmener le Gouverneur à l'Hôtel-de-Ville, pour y fubir une condamna-

tion

nation légale. Le fieur Elie & Hulin, fuivis
d'une forte efcorte, marchoient devant lui ;
mais ni eux, ni l'efcorte ne purent le garantir
de plufieurs mauvais traitemens, qu'ils parta-
gèrent même en partie, tant la fureur du
peuple étoit aveugle & terrible. Les huées,
les cris d'indignation, les imprécations, la
voix terrible de la vengeance qui s'élève du
fein d'un peuple immenfe, & juftement irrité :
les bénédictions, au contraire, les accens de l'al-
légreffe, les acclamations de la reconnoiffance
publique que ce même peuple fait entendre autour de ces généreux vengeurs; les lauriers &
les palmes qui leur font offerts de toutes parts,
furent, après fes remords, le premier fupplice
de de Launaÿ. Arrivé à l'Hôtel-de-Ville, la fureur plébéienne monte à fon comble ; &, fans
le vouloir, elle épargne à fa victime un fupplice
nouveau, celui d'être interrogé & condamné
peut-être par un complice non moins traître
que lui, de Fleffelles, Prévôt des Marchands.
Arraché des mains de fes conducteurs de Launaÿ eft percé de mille coups ; & déjà fa tête
odieufe, féparée du tronc, va fouiller la fange
du fang impur de la trahifon & de la fcélérateffe.

Cependant on brifoit, à la Baftille, les fers des
prifonniers, parmi lefquels fe trouvoit, dit-on,

l'ancien Comte de Lorge, dont les cheveux avoient blanchi dans une captivité de quarante ans. On y établit une bonne garnison, après s'être emparé de toutes les clefs ; & on se livra à des recherches, d'autant plus importantes, que la Bastille renfermoit encore dans son sein des principes de destruction qu'on ignoroit

Plusieurs détachemens des Gardes-Françaises, qui, malgré leur bouillante impatience, n'avoient pu se trouver à l'action de la Bastille, n'en étoient pas moins accourus dans le dessein de se rendre utiles : ils le furent en effet ; & voici comment. J'ai déjà dit qu'on s'étoit livré à une scrupuleuse recherche dans une prison moins vaste encore qu'effrayante par la prodigieuse quantité de ses portes, de ses escaliers, de ses détours, & de ses souterreins. Il y avoit, sans doute, de quoi occuper une armée entière. Un Caporal, nommé *Vernier*, parvient à un caveau qu'il trouve fermé : comme il se met en devoir de l'enfoncer, un Officier, qui se trouve-là à point nommé, veut s'y opposer. Dans les premières conquêtes de la liberté, tout ordre qui contrarie les premières jouissances de cet auguste & légitime avantage, est sûr d'éprouver une sainte résistance au sein même de la subordination : le Caporal passe outre ; enfonce la porte ; apperçoit un homme cuirassé, couché sur des barils de poudre. Le premier foin de Vernier eft de fauter fur cet homme qui feignoit de dormir ; il le fouille ; trouve dans fes poches un briquet, de l'amadou, & une pierre à fufil : à fes côtés eft une traînée de poudre qui va aboutir au milieu des barils, & une mêche au bout de la traînée vers la porte. Cet homme eft pendu fur le champ ; on affure cependant l'avoir vu promener par la populace dans les rues de Paris.

Cet événement, qui préfentoit un danger tout auffi grand que celui de l'infolente capitulation du Gouverneur, ajouta encore à l'importance & à l'exactitude des recherches. Même danger fe manifefte encore en un autre lieu. Une patrouille de Gardes-Françaifes rencontre un poliffon de dix à onze ans, qui paroiffoit avoir rodé fans objet dans la Forterefle, armé d'une torche allumée, & qui, dans ce moment, cherchoit à mettre le feu à des barils de poudre, l'un defquels étoit crevé, & lui avoit peut-être fait naître l'idée d'une explofion plus divertiffante à fes yeux que dangereufe.

Tandis qu'à l'Hôtel-de-Ville le Comité permanent donnoit de juftes éloges à la bravoure & à la conduite des Héros qui s'étoient fignalés à la prife de la Baftille, il offroit la couronne civique au généreux Elie, dont le patriotifme & l'habileté étoient au-deffus de tous les éloges.

On alla jufqu'à lui offrir l'argenterie de de Launay , comme un butin légitime fait en bonne
guerre.... «Je ne pourrois, fans me déshonorer,
accepter rien de ce qui auroit pu fervir à l'u-
fage d'un traître, s'écrie M. Elie avec un
mouvement de furprife qui pouvoit en paroî-
tre un d'horreur , & fur-tout un don de cette
nature Ne fais-je pas, Meffieurs, que c'eft
fur ce vil métal que repofent, en dernière ana-
lyfe , les privilèges, les droits & les prérogati-
ves des Ariftocrates & des Courtifans ? Ne fais-
je pas qu'il réunit tous leurs vœux , & qu'il excite toutes leurs intrigues , qu'il allume toutes
leurs paffions ? Ne fais-je pas que c'eft à ce métal
que fe réduifent toutes les graces follicitées,
mendiées, extorquées à la Cour ? Ne fais-je pas
que les fentimens les plus élevés , les vertus
même les plus expanfives , la bienfaifance & la
générofité , que cette claffe orgueilleufe a cru
s'arroger avec une infolente exclufion, ne font
que des moyens imaginés pour mafquer, déro-
ber la plus infatiable cupidité ? Ne fais - je pas
enfin que c'eft ce métal odieux qui a fait tracer
l'horrible complot auquel nous nous étonnons
encore d'être échappés ? C'eft avec lui que de vils
mercénaires ont été payés ; c'eft lui qui a pofé
la juftice & l'humanité; c'eft par fon fecours
que des armes meurtrières ont été raffemblées de

toutes parts contre la Capitale ; c'eſt ce ſordide métal qui a conduit aux portes de **Paris** ces hordes de barbares que nous devons repouſſer juſques dans leurs affreux repaires..... ..... Non, Meſſieurs , laiſſez-moi jouir ſans reproche du peu de part que vous voulez bien m'accorder au ſuccès de l'entrepriſe que le Dieu des Armées a ſeul conduite , & dont nous n'avons été que les aveugles inſtrumens. J'accepte, avec orgueil, la couronne que vous m'offrez , moins comme une récompenſe que comme un nouvel engagement que je contracte envers ma Patrie, de lui conſa-crer , en tout tems & en toute occaſion, mon bras , ma fortune & ma vie ».

Cette noble fierté , qui s'allioit ſi bien avec la plus douce modeſtie , & qui fut vivement ap-plaudie, atteſtera à la poſtérité, que le déſin-téreſſement, la grandeur d'ame, & la ſolide vertu ne ſont pas toujours circonſcrites dans le cercle de la Nobleſſe : & cette claſſe, qui s'honore en effet de quelques préceptes de ma-gnanimité, qui n'aboutiſſent preſque tous qu'à un barbare point d'honneur, peut envier encore au modeſte roturier des vertus qu'elle aime mieux dédaigner qu'imiter.

On avoit, comme nous l'avons déjà dit, trouvé ſur de Launay une lettre ſignée de de Fleſſelles, qui atteſtoit ſa trahiſon : au même

instant., un particulier se lève du milieu de l'af-
semblée : « Avant de subir le sort des traîtres,
» dit-il, en se mettant en face du Prévôt des
» Marchands, laisses-moi dévoiler les injustices
» dont j'ai personnellement à me plaindre pen-
» dant ton intendance à Lyon. Je t'ai suivi dans
» la Capitale & dans ta nouvelle place ; & j'ai
» dit : cet homme va signaler ses nouvelles
» fonctions par des atrocités......... Je ne me suis
» pas trompé....... Regarde........ Me reconnois-
» t » ? La conviction environnoit déjà de Fles-
selles : il ne répond rien à la vive apostrophe
qu'on s'est osé permettre dans une assemblée
qu'il préside encore. Un murmure d'indignation
s'élève de toutes parts. Le tumulte, les cris suc-
cèdent au murmure. Une agitation vive, des
mouvemens se font remarquer. Le Prévôt des
Marchands est saisi ; on l'entraîne hors de la
salle. A peine est-il sur le haut de l'escalier extérieur, que tous les genres de mort lui sont pré-
sentés ; il les subit tous, & presque à la fois. Il
est percé, pendu, décapité ; & son corps, long-
tems foulé aux pieds, est traîné dans la fange par
la populace, dont la fureur se prolonge jusques
sur ses restes inanimés.

Telle fut la fin d'un Intendant qui acheta la
faveur du despotisme au prix d'une administra-
tion dure, injuste, arbitraire ; & qui, livré plus

que jamais au defpotifme par une p!ace qui l'y
lioit de plus près, ofa tremper dans la plus abominable confpiration qui fe foit fait lire dans
l'Hiftoire de tous les Peuples.

Lorfque l'Hiftoire a tracé les grands traits du
defpotifme qui l'occupoit, elle ne dédaigne pas les
faits ifolés, les détails peu confidérables qui y ont
quelques rapports ; mais elle les détache, pour
ainfi dire, du corps de l'ouvrage, pour les préfenter
enfuite un à un, & en faire une efpèce de galerie où le fpectateur parcourt & choifit les objets
qu'il trouve plus conformes à fon goût ou à fa
manière de voir & de fentir. Quelques-uns des
faits que nous allons rapporter, ne feront pas
fans intérêt : plufieurs même contribueront à
développer le caractère de la Nation Françaife,
dans les individus mêmes à qui l'orgueil ou le pré-
jugé refufoient un caractère.

Un Magiftrat, dans une loge, dans un bou-
doir, ou affiftant à une toilette, ne reffemble
en rien à un Magiftrat fur le fiége. Là c'eft un
petit maître en cheveux longs, ou en habit
brodé ; ou c'eft un galant poliffon en chenille,
débitant des fadeurs ou des inutilités, perfiflant
à deffein la morale des mœurs, réchauffant avec
efprit les lieux communs du libertinage & de
l'irreligion, tantôt avec la nonchalance de la
volupté, tantôt avec l'étourderie du papillo-

nage ; chantant, pirouettant, souriant, faisant des mines. Ici, affublé d'une longue & vaste robe noire, cachant la dentelle & la batiste sous un collet de crêpe, majestueusement assis sur les fleurs de lys, les yeux gravement attachés sur la lice des plaideurs, il médite, il prépare, dans un silence imposant, une opinion sévère qui va plonger dans une maison de force la femme adultere dont le libertinage effronté a enfin lassé la prudente longanimité d'un époux débonnaire, maintenant dévoué à la honte, au ridicule & aux brocards.

Voyez un soldat dans un lieu de débauches accolé d'objets infames & dégoûtans: la brutalité, la crapule, la bêtise, le libertinage semblent se disputer l'air, le maintien, les traits & les propos de cet enfant défiguré de Mars. Ses vétemens même, son linge semblent avoir contracté la malpropreté du lieu & de la compagnie qui le déshonorent ; vous décidez sur-le-champ que cet homme est né dans la lie de la dernière classe. Le tambour se fait entendre ; il appelle les guerriers sous les drapeaux de la Patrie ; il y vole : voyez-le maintenant sous les armes, le sang-froid du Héros est dans ses regards, qu'anime déjà le courage. Sa contenance est fière, sa démarche hardie & assurée : il marche vers la Bastille, où la mort l'attend peut-être.

J'ai vu les braves Gardes-Françaises , marchant réunis vers cette prison , faire alte dans la rue Saint-Honoré, qu'ils occupoient encore. Des Citoyens s'empreſſent de profiter de ce moment de repos , pour ſe livrer aux mouvemens de patriotiſme & de fraternité qui les anime. J'ai vu des brocs & des verres pleins de vin, courir inutilement les rangs : c'eſt de l'eau qu'il nous faut, s'écrient ces généreux défenſeurs de la Patrie : pas un ſeul verre de vin n'eſt accepté.

Un jeune Bourgeois, en faction, voit venir à lui un homme, qui, par ſa démarche , annonce le deſſein de paſſer inſolemment contre la conſigne générale. Le factionnaire l'arrête , & lui ordonne de rétrograder. Celui-ci, ſortant un piſtolet de ſa poche, l'appuye ſur la poitrine du factionnaire , qui , ſans être ému, & fort de ſa fidélité à ſon devoir, lui dit : « Tirez, ſi vous l'o-
» ſea ; mais vous ne paſſerez toujours pas ».
L'inconnu fut arrêté par une patrouille, conduit au Corps-de-garde, & déſarmé.

Lors de l'expédition de la Baſtille, on a vu des femmes pouſſer, plutôt qu'encourager leurs maris, à en partager les dangers. Une de ces Romaines modernes, dont l'époux étoit, en ce moment, en faction à un poſte, le força à joindre l'armée des aſſiégeans ; & pour ſauver en même-tems le devoir & l'honneur de ſon époux, elle prit son fusil, & garda son poste jusqu'à ce qu'on vînt la relever. Surprise de trouver une femme à la place d'un homme, la Garde l'interroge : —Qui êtes-vous ? —La femme d'un Français ? —Pourquoi êtes-vous-là ? —Je tiens la place de mon mari. —Où est votre mari ? —Au champ de l'honneur, dans l'armée nationale. Ce trait peut trouver, sans doute, des admirateurs : quant à moi, si je considère nos mœurs & la nature de notre Gouvernement, peu s'en faut que ce fait ne me paroisse au moins exagéré. Je sais bien que, pour l'honneur de la nature & de l'amour conjugal, je ne voudrois pas avoir beaucoup de ces traits à admirer. Des Gardes-Françaises, suivis d'une nombreuse populace armée, se rend au Dépôt, pour en enlever les canons. La première personne qui se présente, c'est le Colonel, M. le Duc du Châtelet, qui refuse net de les livrer. La populace, déjà indisposée contre ce Colonel, propose tout haut de le massacrer. Un Grenadier se tourne aussi-tôt vers la populace, & leur dit : Vous vous trompez, mes camarades, M. le Duc ne refuse rien.

Forcé par la crainte à la reconnoissance, le Duc interroge le Grenadier : quel est ton nom, Grenadier, lui dit-il avec l'enthousiasme d'une vive gratitude ? —Mes camarades s'appellent comme moi, répond le fier Grenadier.

Un fait plus intéressant, plus digne de notre admiration & de notre reconnoissance, c'est cette fameuse Séance de l'Assemblée nationale, qui, pendant soixante heures non interrompues, ne défempare pas de la Salle des Délibérations, au milieu des troubles, des alarmes & des vives agitations qui régnoient dans la Capitale, & sous leurs yeux, menacée elle-même d'un massacre général. Tels étoient les sentimens romains, qui, voyant Rome tombée à la discrétion des Gaulois, attendoient la mort assis tranquillement au-devant de leurs portes dans leurs chaires curules.

Ce dévouement généreux de douze cents Sages assemblés au nom de la Nation, étoit bien imposant, sans doute ; mais il n'eût probablement pas suffi, pour conjurer l'orage qui se formoit sur leurs têtes : le plan étoit tracé de longue-main ; un Desprémenil, Conseiller au Parlement de Paris, & le plus insolent des Aristocrates, faisoit servir à un vil espionnage l'honneur qu'il avoit eu, on ne sait trop comment, d'être admis au nombre des Représentans de la Nation ; on sait, on dit du moins, qu'il rendoit au Prince de Condé, l'ame de la conjuration, un compte exact & assidu de tout ce qui se passoit dans cette auguste Assemblée : toutes les mesures étoient prises ; & elles étoient d'autant plus infaillibles, que le complot se développoit fous le nom & l'autorité du Roi, horriblement circonvenu. Le plan de l'attaque, furtout, étoit fi bien concerté, que fon auteur & ceux à qui l'exécution en étoit confiée, ne prenoient pas la peine de douter du fuccès.

Le Maréchal de Broglio avoit le commandement général. Il avoit fous fes ordres cinquante mille Français, & fix mille hommes de troupes étrangères, telles que Suiffes, Huffards, Allemands, &c. Le premier Ecuyer du Prince de Condé, d'Autichamp, étoit Maréchal-des-Logis. Bezenval commandoit le Camp du Champ de Mars. Les autres Chefs de l'armée étoient *Choifeul, Narbonne-Freflard*, le Prince *Lambefc*, Colonel de Royal-Allemand, *de Lambert, de Telhufes, de Berchiny*, le Duc *du Chatelet*, Colonel des Gardes-Françaifes, & Député de la Nation. Cent quatre-vingt pièces de canon, de tout calibre, devoient battre Paris en plufieurs points. Le canon de la Baftille devoit protéger l'entrée des ennemis par le Faubourg Saint-Antoine; tandis qu'une batterie formidable, placée fur la butte Montmartre, devoit foudroyer le nord de Paris: cinq Régimens, poftés à Saint-Denis, devoient fondre fur le Faubourg de ce nom.

Quatre Régimens d'Infanterie Allemande devoient entrer par la barrière d'Enfer. Au même moment, Lambefc, à la tête de Royal-Allemand,

& d'un Régiment de Dragons, déjà campé aux Champs Elyfées, avoit ordre de fuivre les quais, de s'emparer du Pont-Royal & du Pont-Neuf, de les garnir de canons & de troupes, & d'aller, du même tems, s'emparer de l'Hôtel-de-Ville, en enlever les Magiftrats & les Archives. Le pillage du Palais-Royal étoit promis aux Huf-fards, qui feroient entrés par la porte Saint-Ho-noré.

. On avoit prévu jufqu'au cas que les Parifiens fe préfenteroient aux Invalides pour en enlever les armes. Mais outre que l'Hôtel paroiffoit aux ennemis fuffifamment gardé, il étoit encore pro-tégé par le Camp du Champ-de-Mars, qui, au premier coup de fufil des Invalides, devoit fon-dre fur les Parifiens défarmés.

Un coup de canon devoit être le fignal. La dixième heure du foir étoit l'époque fixée. A ce fignal, Lambefc devoit fondre, le fabre à la main, & gagner les ponts à travers des flots de fang, s'il le falloit.

On a vu que ce Chef fanguinaire, ce rejeton des perpétuels ennemis de la France & des Bour-bons, ivre de fon barbare projet, entraîné par le courage de la férocité, impatient de carnage, n'avoit pu apparemment attendre l'heure ni le fignal : le ciel avoit fans doute mis dans fon cœur cette farouche impatience, pour faire avorter cet abominable complot, & pour ſauver un peuple dont une longue oppreſſion avoit enfin excité ſa miſéricorde.

Le Lieutenant - Général de Police donne ſa démiſſion ; & dès ce moment, la liberté voit encore s'évanouir un miniſtère qui n'étoit jamais confié qu'à des hommes vendus au deſpotiſme, miniſtère, je ne dirai pas odieux, parce que les injuſtices perſonnelles n'ont jamais une grande publicité, & qu'elles ne frappoient que des individus qui craignoient encore de ſe plaindre ; mais je dirai : Miniſtère onéreux par les ſommes conſidérables qu'il coûtoit au Fiſc, dont la plus grande partie n'étoit employée qu'à la fortune du Miniſtre ; miniſtère, dont l'eſpionnage étoit le principal reſſort ; l'arbitraire, la principale légiſlation ; une aveugle obéiſſance aux volontés du Deſpote & de ſes Miniſtres, le principal devoir. C'eſt la Municipalité qui exerce aujourd'hui ce miniſtère qui lui appartint de tout tems. L'on ne peut qu'eſpérer qu'il ſera rempli à moins de frais, avec plus de vigilance, de nobleſſe & d'impartialité.

La démolition de la Baſtille devoit être le premier ſacrifice du patriotiſme à la liberté : mille ouvriers y ſont employés ; & déjà ce coloſſe effroyable du deſpotiſme ne montre que des ruines qui atteſtent ſa chûte. On parle d'élever à la

place un monument à Louis **XVI**, *Régénérateur
de la Liberté Françaife*. Le plan de ce monument eſt dans tous les cœurs ; mais c'eſt au génie
à lui donner une forme convenable , & à l'exécuter.

Les troupes cependant conſervoient leurs
campemens , excepté celui des Champs-Elyſées
& du Champ-de-Mars ; ce dernier fut même
abandonné par les ſoldats , dont la déſertion fit
craindre avec raiſon celle des autres Troupes :
c'eſt à cette défection ſur-tout , que Paris doit
ſon ſalut , quoiqu'elle ne fût pas générale , & que
les Troupes étrangères ſur-tout , demeuraſſent
toujours fidelles aux ordres de leurs barbares
chefs.

L'Aſſemblée-nationale , profondément péné-
trée des malheurs dont la Capitale demeuroit
menacée ne ſavoit quel parti prendre , lorſ-
qu'un de ſes membres , le Duc *de Liancourt* ,
conçoit le généreux deſſein de ſe ſacrifier au
ſalut de tous. Il ne communique ſon projet à
perſonne , il ſe rend au Château , va aux
appartemens des Princes ; tout accès eſt fermé.
Il ne perd ni l'eſpoir , ni la préſence d'eſprit Il
court à l'appartement du Roi , force la ſentinelle , ouvre la porte ; & il eſt déjà aux pieds
du Monarque. « Sire , dit-il , avec l'éloquence
» du ſentiment , on s'égorge à Paris , le ſang

» de vos sujets coule impunément sous le fer des
» brigands que Votre Majesté à mis dans la main
» des ennemis de la Nation & de votre Couronne.
» Sire, on vous trompe cruellement, on en
» veut à votre repos, à votre gloire. Un hor-
» rible complot est prêt à le renverser dans des
» flots de sang & sur les cadavres palpitans des
» Français qui vous adorent & vous plaignent ».

Il lui raconte, avec la précision de l'allarme,
la brutale fureur de Lambesc, l'infame assassinat
qu'il a commis aux Tuileries dans la personne
d'un foible vieillard, l'énergique résolution des
Parisiens armés au nombre de cent mille,
la prise de la Bastille, les sanglantes exécutions
de son Gouverneur & du Prévôt des Marchands,
les horreurs d'une proscription ferme contre
les vils auteurs des désordres publics...... Il
n'en a pas tant fallu pour porter le trouble dans
le cœur d'un Roi bon & trompé. L'étonnement,
l'indignation, l'attendrissement se peignent tour-
à-tour sur son visage. Des larmes paternelles
coulent de ses yeux. Les odieux Ministres qui
l'environnoient éprouvent les premiers effets
d'une généreuse colère. Ils sont ignominieuse-
ment chassés, le Roi court se jetter dans les
bras de ses enfans. Aidez-moi, dit-il aux
Représentans de la Nation assemblés depuis
soixante heures ; aidez-moi à sauver l'Etat.

Le

poftes du Château : la fection des Gardes-Françaifes qui y faifoit le fervice, partit fur-le-champ
de cette Ville, & fe rendit à Paris dans les cafernes, où elle fut reçue avec l'affectueufe fran-
chife des militaires. C'eft maintenant la milice
bourgeoife qui fait le fervice des Gardes-Suiffes
& Françaifes, qui ont été congédiés par le
Roi: plufieurs de ces braves foldats ont follicité
de la Ville leurs congés, qu'ils ont obtenu,
avec une mention honorable de leur patriotifme, de leur bravoure & des fervices vraiment fignalés qu'ils ont rendus à la Capitale :
le plus grand nombre va être incorporé dans
la Milice nationale parifienne.

Ce fut dans la nuit qui précéda l'arrivée
du Roi à Paris, que les principaux conjurés
fe décelerent, par une fuite précipitée ; ou
plutôt qu'ils fixèrent irrévocablement fur eux
l'opinion plus que défavantageufe qui les flé-
triffoit déja : cette nuit vit partir la cabale
miniftérielle, M. *Barantin*, Garde-des-Sceaux;
Villedeuil, Miniftre de la Maifon du Roi; *de la*
Vauguyon, Miniftre de la Guerre; *Foulon*, Contrôleur-Général, qui s'avifa, à quelques jours
de-là, de faire courir le bruit de fa mort; les
Princes Lambefc & Vaudemont, le Duc de Luxembourg, le Baron de Befenval, d'Autichamp,
le Comte de Vaudreuil, le Maréchal de Broglio,

Berthier, Indendant de Paris, & quantité de personnages fubalternes, Miniſtres obſcurs, des modernes Catilina, parmi leſquels on remarque l'inſolent d'Eprémeſnil, diſciple de Meſmer, l'oracle du Parlement de Paris, l'orateur de la bande ariſtocratique. La Maiſon de Polignac, infâmes courtiſans, avoit été bannie du Royaume. Le Prince de Condé, d'abord retranché dans ſon château de *Chantilly*, au milieu de deux cents hommes armés, & derrière une batterie, prit le parti de ſe joindre aux illuſtres fuyards, avec les Ducs de Bourbon & d'Enghien. Le Prince de Conti chercha, de ſon côté, ſon ſalut dans une fuite précipitée ; & le Comte d'Artois, troiſième héritier préſomptif de la Couronne, n'imagina rien de mieux à faire que d'imiter de ſi fameux exemples.

Cette heureuſe diſperſion des Conjurés ramena le calme dans Paris, mais non l'invigilance. On avoit fait enlever ſecrètement, des caſernes, tous les habillemens des Gardes-Françaiſes ; &, le même jour, un Sergent aux Gardes, à la tête de deux Compagnies, s'étoit préſenté à la Baſtille, avec l'intention & l'eſpoir même de reconquérir cette Fortereſſe. C'étoient des Huſſards & le Régiment de Nàſſau, qui, ſous l'habillement reſpectable des Gardes-Françaiſes, s'étoient facilement introduits au nombre de douze cents dans la Ville. Les bayonnettes nationales les eurent bientôt intimidés & mis en fuite.

Tandis que Foulon & Berthier payoient, à la Grêve, de leur tête leur trahison & leurs infâmes projets, la Milice parisienne se formoit ; l'ordre & l'abondance renaissoient dans la Capitale ; mais les Provinces étoient désolées. En Franche-Comté, un Conseiller au Parlement, nommé *Mémay*, sacrifioit, dans une fête perfide, & au milieu de la plus franche allégresse, un peuple immense qui folâtroit sur la fosse commune qu'une mine, dès long-tems préparée, entr'ouvrit tout-à-coup sous ses pas. Un crime en appelle un autre : la fureur excite la fureur ; tous les Châteaux des environs sont pillés, saccagés, brûlés, détruits.

Ailleurs de fausses alarmes, qu'on croit données à dessein, jettent l'effroi & la consternation à dix lieues à la ronde.

Plus loin, ces alarmes sont justifiées par le brigandage affreux d'une troupe de scélérats qui pillent, non-seulement les Châteaux, mais encore les maisons de bourgeois, dont tout le crime est d'être aisés. A *Mâcon*, six cents de ces infâmes brigands sont pris : quelques-uns sont pendus ; plusieurs sont tués par les détachemens des Milices bourgeoises, qui battent la campagne.

Me fera-t-il permis de produire ici mes réflexions fur ce brigandage inoui ? On s'obftine,
dans le public, à croire ces malheureux fou-
doyés. Cela peut être, fans doute : mais comment
fuppofe-t-on que cette abominable manœuvre
puiffe avoir lieu ? La jufte fureur d'un Peuple ren-
du méfiant, & prefque cruel, les exécutions fan-
glantes qui effrayent jufqu'aux innocens fpecta-
teurs, l'œil actif & pénétrant de la liberté encore
à fon aurore : tout cela doit néceffairement im-
pofer aux traîtres la loi du fecret. Or, comment
peut-on, fous le voile du myftère, foudoyer une
troupe de bandits, fans foi, fans frein, fans chefs
& fans fubordination ? Met-on dans la main de
chacun d'eux le prix du crime qu'on lui paye ?
ou bien charge-t-on l'un d'eux de la diftribution
de cet infâme falaire ? L'une & l'autre hypothèfe
me paroiffent inadmiffibles. Eh ! cherchons,
cherchons la caufe de ces horribles défordres
dans des fources plus vraifemblables & plus pro-
ches de nous. L'anarchie, fous tous les rapports
moraux & politiques, voilà, n'en doutez pas,
honnêtes Citoyens, voilà la vraie caufe des dé-
faftres qui vous affligent : anarchie de pouvoir,
anarchie de mœurs, anarchie des opinions reli-
gieufes. Les refforts de la Légiflation ne font pas
feulement détendus ; ils font brifés. Les mœurs
ne font pas feulement diffolues ; elles font per-

dues ; anéanties. Une philofophie turbulente &
hardie, toujours prête à innover, & dont le
triomphe ne fe fonde que fur la chûte de la Religion, s'eft introduite, avec les Sages de la Nation, dans l'augufte Aréopage qui travaille à fon
bonheur. Un Député, non moins célèbre par
fes talens que par fes vices, vient de donner le
fcandale de fon mépris public pour la Religion.
Un Evêque, touché des diffentions qui déchirent
tous les Ordres, alarmé des fuites funeftes qui
ne fe font, hélas! que trop vérifiées, publie dans
fon Diocèfe un Mandement, par lequel il expofe
aux Fidèles la néceffité des prières publiques.
Pour démontrer cette néceffité, il met fous leurs
yeux des détails vrais, touchans, déterminans
même. Ce Mandement allume la bile du Député
philofophe. Il calomnie les intentions du fage
Evêque. Son Mandement n'eft à fes yeux autre
chofe qu'un libelle féditieux, incendiaire, propre à jeter la défiance & le découragement dans
les cœurs ; comme fi la perfide confiance d'une
vaine philofophie étoit plus propre à les raffurer.

Qu'il me dife maintenant, cet efprit fort, fi
les événemens actuels font l'effet d'un mandement paftoral. Qu'il déploye, il en eft temps,
les reffources de cette philofophie incendiaire
qu'il faudroit accufer feule des maux qui déchirent le fein de la France. Qu'elle nous rende

le frein des mœurs & de la religion : c’eſt la religion qui nous conſole encore des calamités qui nous affligent.

Le pouvoir légiſlatif n’a ſuſpendu ni la puiſſance exécutrice, ni la puiſſance judiciaire. La religion ne recommande rien tant que le reſpect dû aux loix ; rendez-leur la force & la vigueur qu’elles ont perdues. La légiſlation eſt mauvaiſe ; mais elle eſt aſſez bonne contre des monſtres avides de carnage & de ſang, qui outragent l’humanité, qui profanent les myſtères les plus redoutables d’une religion qu’ils méconnoiſſent ; c’eſt la même qui a détruit en Angleterre la race dévorante des loups. Ces tigres ont perdu le titre & le nom d’hommes : que toutes les foudres de la terre tonnent ſur eux au défaut des foudres du Ciel. C’eſt contre ces bêtes féroces qu’il faut tourner toutes les bayonnetes, épuiſer, s’il le faut, la poudre & le plomb de nos arſenaux. Nous n’avons point d’autres ennemis que ces troupeaux de pillards & d’aſſaſſins. Chaque jour, chaque heure, amène le récit de quelque nouvelles abominations : & il n’exiſte point déjà une confédération des Citoyens honnêtes contre cette vile canaille ! C’eſt au Roi, c’eſt au dépoſitaire du pouvoir exécutif à promulguer les Loix déjà ſubſiſtantes contre les attroupemens illicites ; c’eſt à ſes troupes, réunies aux bons

Citoyens, à les faire exécuter. Anathême à qui-
conque a pu publier ce conseil, & qui a différé
de le faire ! Anathême à moi-même pour avoir
eu la criminelle crainte de n'être point entendu !
Hélas ! il n'est presque plus tems : des milliers
de Citoyens sont égorgés ; des richesses au sein
desquelles les pauvres, les ouvriers & les Artistes
trouvoient des ressources, sont dispersées, anéanties, perdues pour l'utilité publique & indivi-
duelle. La fortune ou l'aisance, sont devenues des
signes de proscription. Le sang coule dans toutes
les contrées de la France. Par-tout il s'élève des
monceaux de ruines & de cendres. Les chants de
l'innocente allégresse ont fait place, dans les cam-
pagnes, aux lamentations de l'effroi & de la dé-
solation. Tous les bras sont enlevés à l'agricul-
ture, aux moissons, par le besoin d'une défense
tumultueuse & pressante. On ne parle que de
Constitution ; on ne connoît point d'autre remède
à tant de maux...... Ah ! que fera votre Constitution, dont le nom seul est inintelligible ? Il existe
des Loix ; les forcenés, les brigands, les scélérats, les ont toujours méconnues, éludées ou
bravées. Pense-t-on qu'ils respecteront davantage
une Constitution, qui, après tout, selon les défi-
nitions mêmes que l'Assemblée nationale s'efforce
d'en donner, n'est pas un Corps de Loix, mais
un assemblage de principes moraux & politiques,

fur lefquels doit être bâti l'édifice de la légiflation ?

O inconféquence publique! O délire général! On veut accompaguer cette fameufe Confti-
tution de la déclaration des droits de l'homme ;
& c'eft l'exagération de ces mêmes droits qui
pouffe la France & la Religion dans le même
précipice. Quelques têtes fages demandent qu'on
ajoute à cette déclaration, celle des devoirs: elles
ne font point écoutées; & c'eft parce que ces devoirs font méconnus, que le vaiffeau de l'Etat
eft fur le point d'être fubmergé. On ne veut en-
feigner aux hommes que la liberté, & les hommes font égarés par l'ivreffe délirante de la
licence. O philofophie! tu l'emportes! tu n'as
jamais parlé que des droits de l'homme : c'eft
fur fes devoirs que tu gardas toujours un crimi-
nel filence. C'eft à vous, Philofophes du fiècle,
que j'impute hardiment tous les défordres qui
vous enfeveliront bientôt fous les ruines com-
munes de l'Etat: c'eft à vous que j'impute l'efprit de vertige qui tourne les têtes : c'eft vous
qui avez amené, parmi nous, ce délire des in-
novations, cet enthoufiafme des réformes bruf-
ques & irréfléchies, cette fluctuation dans les
idées, cette verfatilité dans les décifions, cette
ftupide incertitude des moyens qu'on a fous la
main pour arrêter l'écroulement général du plus
beau des Empires.

O toi, Religion fainte, trop long-tems mé-
connue, trop généralement calomniée dans l'Em-
pire des lys! defcends du haut des Cieux; viens
confoler la terre; fais rentrer la fageffe dans la
tête des Philofophes; ramène, parmi les hommes, cette heureufe fubordination qui fait leur
bonheur; donne un cœur aux riches, des vertus
aux Grands, des amis au Roi: ne permets pas
qu'on enlève aux petits cette innocente fimpli-
cité qui fait leur bonheur, par des leçons de philofophie conftitutionnelle; ou fi tel eft l'efprit
du fiècle, qu'il paroiffe indifpenfable d'électrifer
du feu de la philofophie le foc d'une charrue ou
le manche d'un rateau; pendant que le Philofophe n'entretiendra l'homme fimple, que de fes
droits, de l'égalité naturelle, & des prétentions
individuelles, du moins hâte-toi de graver dans
fon cœur fes devoirs fous tous les rapports de la
Société. Fais, ô Religion bienfaifante, que les
facrifices fublimes de la générofité & les facrifices orgueilleux de l'égoïfme, ne tournent pas
au préjudice de la nombreufe claffe des pauvres,
contre qui ils pourroient du moins fervir de prétextes; protège le rameau naiffant de la liberté;
reftitue au Français cette aimable aménité, cette
fenfibilité précieufe qui le caractérife au milieu
de tous les Peuples de la terre; efface du Dic-
tionnaire de fa langue le mot affreux de *profcrip-*

tion : mais en même-tems livre à l'inflexible auſtérité des Loix les trop coupables auteurs de l'aſſaſſinat univerſel des Français, & leurs complices & leurs adhérens. Lorſque tu traças aux farouches mortels égarés par la vengeance & par toutes les paſſions haineuſes le précepte ſublime du pardon des injures, la terre ne t'avoit pas encore donné l'exemple d'un forfait pareil à celui qui vient de ſouiller la France ; ou ſi tu le prévis ; & ſans doute le point qui ſe perd dans la nuit de l'éternité doit être préſent à l'infaillible préviſion de ton divin auteur ; tu ne voulus pas déſoler les premières générations par la prophétie d'un crime qui devoit déshonorer le dix-huitième ſiècle ; & tu ne fis pas une dangereuſe exception à la Loi ſublime de la Clémence. Ce malheureux ſiècle, battu par toutes les viciſſitudes humaines ; ce ſiècle, marqué par tant de révolutions politiques, morales & religieuſes ; ce ſiècle proſcrit, peut-être, par le Ciel ; ce ſiècle, où preſque la même génération a aſſiſté à la ſcène menaçante & terrible de tous les fléaux, & qui raconte encore à la génération naiſſante, la colère des volcans, les ſecouſſes déſaſtreuſes de la Sicile, l'intempérie & l'anarchie des ſaiſons, la peſte, la guerre, la famine, & l'inſurrection de la philoſophie ; ce ſiècle, dis-je, ſe pouſſe & va ſe perdre dans la foule des ſiècles paſſés. Bénis, ô Religion fainte, bénis celui dont nous voyons déjà poindre l'aurore ; balaye devant la généra-tion actuelle les vapeurs infectes de celui qui fuit. Nous avons un bon Roi , un Miniftre vertueux, de fages Repréfentans : ils nous préparent le bonheur ; ne rends pas vains de fi doux préfa-ges : donne un fanctuaire à la vérité , un temple à la liberté , des autels plus révérés à ton culte ; fais des chaînes éternelles au defpotifme, un frein à l'anarchie, un voile à la pudeur publi-que ; rends à la Juftice fon bandeau, aux mœurs leurs charmes & leur douce influence , aux Arts utiles l'eftime & les encouragemens ufurpés par les Arts frivoles & dangereux : donne aux riches le repos & le goût de la bienfaifance ; du pain , de l'occupation & des afyles aux pauvres ; une retraite éternelle aux Princes bannis par leur propre confcience,& le repentir à ceux à qui l'on peut pardonner leur préfence flétrie par l'opinion publique.

Nota. On affure & l'on a affiché que MM. de Berchiny & de Lambert étoient abfens des troupes deftinées au fac de Paris, & qu'ils n'ont pas trempé dans la confpiration ; plus innocens que M. le Duc du Châtelet, qui pourtant opine encore parmi les Repréfentans de la Nation, dont l'indulgente condefcendance devient du moins une forte préfomption en fa faveur. Nous nous empreffons de faire valoir la même préfomption contre les ennemis de M. l'Abbé Maury & de M. d'Eprémefnil, & même contre ce que nous avons écrit, fur le cri public, contre ce dernier.

F I N.

www.ingramcontent.com/pod-product-compliance
Lightning Source LLC
LaVergne TN
LVHW011445180726
843503LV00004BA/1550